성장하는 주일학교는
이런 교사를 원한다

임계빈 목사 지음

머 리 말

　최근에 자주 듣는 말 가운데 하나는 소그룹의 중요성에 대한 것이다. 60~70년대의 대중집회는 많은 사람들에게 복음의 핵심인 예수 그리스도를 소개하여 오늘날의 경이적인 한국교회의 성장을 가져왔다. 그러나 그 성장의 이면에는 많은 부작용이 있었던 것이 사실이다. 80년대에 들어서면서 양적 성장 위주의 대중집회가 서서히 줄어들면서 개 교회의 소그룹운동이 활성화되었다. 그 중에 대표적인 것이 제자훈련과 대학생 선교단체를 중심으로 하는 그룹 성경공부이다. 소그룹은 대중을 상대하는 설교나 기타의 것들이 기대하기 힘든 부분을 만족시켜 줄 수 있다.

　이러한 시대적 조류와 교육방법의 전환은 오늘날의 교회학교에도 필수적인 것이라 할 수 있다. 교육 대상 전체를 위한 설교와 교육을 담당하는 대그룹의 목회자가 있는가 하면, 나에게 맡겨주신 양무리를 목양하는 소그룹, 작은 반의 목회자인 교사가 있다. 맡겨주신 양무리들의 수(size)적인 면에서 크고 작음은 있으나 양무리를 맡기신 우리 주님편에서는 차등이 없다. 대그룹을 맡고 목양을 해나가는 전문적이고 평생을 헌신한 목회자에 못지않게 한 반의 영혼을 맡은 반의 목회자인 교사도 사명감 가운데 사역을 감당해야 한다.

　본서는 하나님 나라의 확장을 위하여, 그리고 성숙한 하나님의 사람들을 양육하기 원하는 세 부류의 사람들을 위하여 쓰여졌다.
　첫째는 반의 목회자인 교사들을 양육하기 원하는 교회교육 행정가와 책임자들을 위한 것이다. 본서의 서두에 나오는 교사의 모집, 훈련, 관리는 교회교육 행정가들과 책임자들을 위한 것이다. **둘째는** 교사의 일들을 이미 감당하고 있는 사람들을 위한 것으로 다시 쓰는 교사론이라고 할 수 있다. 교사의 정의, 소명, 자세, 역할, 자격, 목표 등을 확인하는 것이다. **셋째는** 신입교사들을 위한 것이다. 어떠한 동기와 절차를 통하여 교사가 되었든 새롭게 영혼을 담당하는 반의 목회자가 된 교사들을 위하여 본서는 쓰여졌다.

　맡겨주신 양무리를 바르게 관리하며 양육하였을 때 우리에게는 '착하고 충성된 종'이라는 귀하고 아름다운 칭찬이 주어지지만 맡겨주신 양무리를 잘 감당하지 못하였을 때 우리는 '악하고 게으른 종'으로 주님 앞에 서게 될 것이다.
　영혼을 맡은 자들이여! 영혼을 살리는 교사가 되자. 영적인 아비요 어미가 되자. 다시금 회복해야 할 교회교육의 자리를 생각하며 우리를 부르신 그 분이 상주실 것을 바라보며 참된 목자장이신 주님을 따르는 반의 목회자, 교사가 되자.

　본서가 있기까지 지도해 주신 많은 분들에게 감사를 드린다.

성장하는 주일학교는 이런 교사를 원한다

필자에게 영혼 사랑의 열정을 일깨워 주신 내수동교회 박희천 목사님, 교사들을 사랑하며 앞서 글을 출간하여 교사의 중요성을 일깨우신 이름을 열거할 수 없을 만큼 많은 선배님들, 원고를 읽으며 조언을 아끼지 않은 내수동교회 동역자들, 말 없이 기도로 후원하고 뒷바라지 해준 아내 소영과 딸 하영, 아들 은혁에게 감사를 드린다.

그리고 출판을 위하여 물심양면으로 후원하여 주신 엘맨출판사의 이규종 사장님과 원고를 교정하여 준 고현경 자매, 직원들에게 감사를 드린다.

끝으로 부족한 글을 통하여 하나님께 영광 돌리기 원하는 모든 교사들에게 미력하나마 도움이 되기를 바라는 마음 간절하다.

1998. 2.
글쓴이 임 계 빈

목 차

성장하는 주일학교는 이런 교사를 원한다

성령
교육에서의 성령의 역할/교사와 성령의 인도/교사와 성령의 조명/성령님이 이끄시는 교육/교사의 가르치는 일과 성령의 사역

7장 · 주님이 기뻐하시는 교사가 됩시다(Ⅰ) · 137
—주일학교 교사의 자세

생활에 본이 되는 교사가 되라/말씀에 능통한 교사가 되라/한 영혼의 가치에 대한 깊은 인식을 가져라/생명력 있는 믿음을 가져라/충성된 청지기가 되라/그리스도의 좋은 군사가 되라/경건을 연습하는 교사가 되라/위로부터 오는 지혜를 가져라/깨어 있는 선한 목자가 되라/섬김을 받으려 하지 말고 섬기는 자가 되라/적극적으로 참여하는 자가 되라/교사의 스타일을 점고하라/교사가 교회에 임하는 자세/교사의 자기 진단/좋은 교사가 되려면/교사를 위한 기도문/어느 교사의 간증

8장 · 주님이 기뻐하시는 교사가 됩시다(Ⅱ) · 167
—주일학교 교사의 자격

영적인 자질
거듭난 그리스도인/헌신된 사람/성령의 권능을 받은 사람/소명의식이 분명한 사람/성경에 해박한 사람/영혼을 사랑하는 사람

●
성장하는 주일학교는 이런 교사를 원한다

1장

유능한 교사진을 확보하라

"오늘날 우리 교육에서 가장 긴급하고 중요한 급선무는 준비에 정성을 기울이고 일생을 바쳐 헌신할 교육받은 주일학교 교사를 확보하는 것이다."

—매리온 루우렌시

"하나님의 방법 안에서 행해지는 하나님의 사업엔 하나님의 공급하심이 부족할 때가 없다."

—허드슨 테일러

훌륭한 교사의 확보

20세기 초 주일학교 교육의 훌륭한 지도자였던 매리온 루우렌시는 "오늘날 우리 교회에서 가장 긴급하고 중요한 급선무는 준비에 전심을 기울이고 일생을 바쳐 헌신할 교육받은 주일학교 교사를 확보하는 것이다"라고 강조한 바 있다.

교사 직분의 중요성과 그 자질이 주일학교 성장에 미치는 영향력이 지대함은 말로 다할 수 없을 정도로 크고 중요하다.

오늘날 대부분의 교회들은 주일학교 교사진을 채우는 데 어려움을 겪고 있는 것이 사실이다. 그렇다면 주일학교에 교사들이 부족한 이유는 무엇일까? 근본적인 이유는 대부분의 사람들이 교사의 일을 잘 해낼 수 없다는 두려운 마음을 가지고 있기 때문이다. 하나님의 사람들은 그들의 은사가 무엇인지 알고 있다. 다만 지도자들이 그들을 준비시키지 못하기에 교사난을 겪게 되는 것이다.

유능한 교사진을 갖추고 임무를 잘 수행해 나가는 주일학교를 만들고 싶다면 교사의 선발과정과 관련된 근본적인 문제부터 다시 생각해 보아야 한다.

교사 지원을 방해하는 요소들

교사를 모집한다는 것은 주일학교 교육에 있어서 가장 어렵고 좌절되기 쉬운 사역이다. 그 어려움이란 중심되는 문제 그 자체라기보다는 오히려 다른 문제들에 있음을 발견하게 된다.

그 대표적인 문제들은 다음과 같다.

첫째, 교사 역할에 대한 빈약한 이미지이다.

●

유능한 교사진을 확보하라

둘째, 교회 내에서 교육에 대한 우선도가 낮은 것이다.

셋째, 대부분의 교인들에게 교육 프로그램이 눈에 띄지 않기 때문이다.

넷째, 교사들의 소외감과 소홀함이다.

다섯째, 교사에 대한 학생들의 비율이 지나치게 많은 것이다.

여섯째, 학생들의 불규칙적인 출석과 부모들의 지원이 거의 없다는 것이다.

일곱째, 적당치 못한 교실과 부족한 기자재와 자료들을 들 수 있다.

여덟째, 적당한 준비를 할 시간적 여유가 없다는 것이다.

아홉째, 교사가 만족감과 성취감을 거의 경험하지 못하는 것이다.

마지막으로, 교사에 대한 전문적 훈련과 지원이 부족한 것이다.

열거한 교회 내의 문제와 함께 다음의 고정관념이 문제로 대두될 수 있다.

첫째, 모든 주일학교 교사들은 공과를 중심으로 가르치면서 수업을 준비하는 방법을 자동적으로 알게 될 것이라는 생각이다.

둘째, 교사는 절대로 실수를 하지 않는 사람이며 또 학생들의 모든 질문에 답을 알고 있는 사람으로 여긴다.

셋째, 주일학교 교사는 아무리 세차거나 불공평한 비난을 받더라도 화를 내거나 퉁명스러운 말을 하지 않을 것이라고 믿는다.

이러한 고정관념이 요구하는 사항들을 다 만족시키는 것에 대해 사람으로 두려움을 가지는 것도 당연하다. 교회와 주일학교 지도자들은 성경적인 교사상의 제시와 함께 바른 가치관으로 성도들을 인도할 때, 교사 모집의 문제는 다루기가 쉬운 일이 될 것이다.

성장하는 주일학교는 이런 교사를 원한다

신중한 교사모집

어느 학교의 기독교교육연구소 보고에 의하면 주일학교 사역자들의 고민은 약 1/3의 교사들이 1년을 채우지 못하고 중단하는 점을 들고 있다. 그 이유는 다양하지만 헌신의 동기 없이 지명된 교사였다는 점을 말하고 있다.

대부분의 주일학교 교육 현장에서 단지 교사가 없는 빈 자리를 메꾸려고 아무나 채워 넣는 경우가 흔히 있다. 어떤 때는 "아니오"라고 반대 의견을 말하지 못하는 마음 약한 사람을 교사라는 올가미로 얽어 매고 그 사람이 감당할 수 없는 일을 억지로 덮어 씌우는 경우도 있다.

어떤 교회들은 교사들에게 너무 많은 일을 시켜서 교사일을 하고자 하는 사람들의 기를 꺾어버린다. 교육 부서의 지도자들은 누구를 가르치게 할 것인가의 교사 선택 문제에 있어서 더욱 신중을 기해야 한다. 정말로 수준 높은 주일학교를 원한다면 단지 교사들을 교실 안에 밀어넣는 것이 아니라 적절하게 배치하는 데 신경을 써야 한다.

물론 개교회의 사정이 있겠고 인적 자원이 부족한 문제점을 고려하지 않을 수는 없을 것이다. 그러나 이런 문제점 때문에 지명된 교사(억지 교사)로 교사 자원을 계속 확보해서는 안된다. 이렇게 하면 성경적 교사상의 정립은 요원하게 되고, 타성에 젖은 분위기로 전락될 것이며, 교사됨의 긍지나 봉사의 의미는 점점 더 희박하게 될 것이기 때문이다.

허드슨 테일러는 "하나님의 방법 안에서 행해지는 하나님의 사업엔 하나님의 공급하심이 부족할 때가 없다"고 말했다. 교사가

유능한 교사진을 확보하라

모자란다고 해서 부적당한 사람을 부적합한 자리에 집어넣는 것은 온몸의 활동을 불구로 만들어 버릴 수 있다.

주일학교 사역자들은 애걸하다시피 해서 떠맡기는 방법을 취하지 말고, 성령님께서 사람들의 마음을 인도하도록 의지하는 방법을 취해야 한다. 교사의 사명이 없는 교사를 쓰기보다는 교사가 없는 것이 오히려 더 낫다는 교육철학을 가져야 한다.

교사모집에 관한 그릇된 방법들

• 안이하게 당신은 같은 부서에서 일하는 현재의 교사를 자동적으로 임명할 수 있다. 그러나 그렇게 해서는 안된다. 거기에는 꼭 조정이 필요하다. 누구든지 자동적으로 임명되는 것은 추가적인 편성포기를 의미하며, 또한 그것은 각각의 교사들이 제대로 교사의 일을 감당하고 있는지를 확인하지 않고 있다는 것을 의미한다.

• 당신은 자동적으로 '과일 바구니를 옮기는 사람'이어서는 안된다. 교사들이 새로운 부서나 직책으로 옮겨갈 때, 이전 직책의 훈련과 경험을 잊는 경우가 종종 있다. 만일 어떤 교사의 은사가 다른 연령 학급에서 일하는 것이 좋음을 발견했다면 그를 그 부서로 보내주어야 한다.

• 그리고 교회의 사역적인 모임의 자리에서 교사 추천을 받는 것은 지양되어야 한다. 주일학교 교사들을 구한다는 것이 아주 중요하기 때문에 급하게 대충 추천을 받아서는 안된다.

• 각 부서의 지도자들을 월권해서도 안된다. 그들은 그들 부서에 필요한 교사를 채용할 기회를 제공 받아야 한다. 교사들은 그들을 채용해 준 사람에게 어떤 책임을 느끼기 때문이다.

•
성장하는 주일학교는 이런 교사를 원한다

• 교사를 채용하기 위해 부담감을 주는 말이나 지나친 과장을 해서는 안된다. 만약 부담감을 주면 그는 제 기능을 발휘하지 못할 것이기 때문이다. 교사들은 하나님께 봉사하고 있다는 것을 느끼도록 해야 한다.

• 그들의 조건을 보고 교사로 삼지 말아야 한다. 어떤 때 교사 대상자들은 "가르치는 일은 흥미가 있으나 심방이 싫습니다", 또는 "나는 교사 모임에 참석하고 싶지 않습니다"라던가, "오늘은 예배에 참여하고 싶지 않은데요"라는 말을 한다.

이에 대한 좋은 대답은 "우리는 당신이 이 일을 잘 해내길 기대하고 있습니다. 교사 모임이나 심방에 같이 참여하지 않고서는 이 일을 잘 해낼 수 없습니다. 어떤 일이 있어서 그런지는 모르지만 교사의 일은 여러 모로 유익하고 보람 있는 사역입니다. 잘 생각하셔서 가능한 이 일에 동참하여 주시길 바랍니다. 결정이 되는 대로 연락해 주세요"라는 방식을 사용한다.

• 특히 교사를 채용함에 있어서 교회의 어떤 방침에 따라 행하는 것이 유익하다. 이들에게는 교회적 접근이 아주 중요하기 때문이다.

주로 교역자들의 과제이겠지만 심방을 통하여 성도들의 관심과 은사를 알아내야 한다. 피터 와그너(Perter Wagner)는 그의 교회 성장에 관한 연구에서 은사의 발견을 통하여 평신도를 적절한 요소에 배치하고 일을 맡길 것을 강조하고 있다.

교사를 발굴할 수 있는 곳

주일학교 교사 봉사자를 발견하는 방법에는 어떤 것들이 있는가?
첫째, 교회 내에 비치하고 있는 교인카드나 교회학교 등록카드를

•
유능한 교사진을 확보하라

통해서 교사로 봉사할 사람의 명단을 확인한다. 이렇게 1차적으로 작성된 명단을 가지고 장년부 사역자의 추천을 받는다.

둘째, 교회에 이른바 '교회봉사 안내부'가 있다면 이것을 이용한다. 이미 많은 교회들이 이 제도를 도입하고 있다.

셋째, 교회의 양육모임(벧엘, 크로스웨이, 제자훈련반, 구역장 권찰반 등)의 회원들을 찾아 보는 것도 좋은 방법 가운데 하나이다. 거기에는 훌륭한 자원들이 많이 있을 수 있다.

넷째, 신입 교인이나 지도자 훈련과정에 소속되어 있는 성도들 중에 교사 자질을 갖춘 사람을 그 모임 지도자가 추천한다. 신입 교인 중에는 타교회에서 교사로 봉사하다 이사하거나 사정이 있어 교회를 부득이 옮긴 경우가 있다. 그러한 사람은 교사로 헌신할 수 있는 자원이다.

다섯째, 현재 교사가 아닌 부서의 사역자들을 살펴볼 수 있다. 몇 해 동안 각 부의 서기 또는 보조의 일을 감당한 사람은 각 부서의 정교사로 임명 가능하다.

여섯째, 전체 교인 모임시 주일학교 교사의 필요를 알려 자원하거나 서면으로 교사 지원서를 제출하도록 하여 소정의 절차를 거쳐 교사로 임명 가능하다.

일곱째, 교사 지원자 훈련반을 찾아가 본다. 이 반의 회원들은 반을 맡기 위해 훈련을 받고 있는 좋은 일꾼들이다. 그러나 그 과정을 수료하기 이전에 채용해서는 안된다.

여덟째, 교사대학(훈련과정)을 개설한다. 교인들 가운데에는 교사로 자원하고 싶은데 잘 알지 못하여 못하겠다는 사람들도 있다. 이런 사람들을 위해서 예비훈련과정을 개설할 수 있다. 이때에 많은 사람을 참여시키고 또한 사명자를 선발하기 위하여 '단계별 교육

과정'을 개설해도 좋을 것이다.

교사모집의 절차와 단계

교사의 모집 계획수립

교사모집을 새로운 학기가 시작되기 2-3개월 전에 시작하는 교회가 많으나, 가능한 한 5-6개월 전에 시작하면 좋을 것이다. 왜냐하면 학기가 시작되기 전까지 교사예비교육을 실시하고 교사로 임명해야 하기 때문이다.

계획 수립은 교육위원회 산하에 인사위원회를 두고 기도로 충분히 준비하며 구체적으로 작성해야 한다. 예수님께서도 "추수때가 되었는데 일꾼이 모자라니 그 주인에게 일꾼을 보내달라고 청하라(기도하라)"고 말씀하셨기 때문이다(마 9 : 37-38).

교사모집 계획 수립에 있어서는 기존교사의 다음 해 계속 봉사 여부를 우선 파악하고, 매년 주일학교 인원 증가 비례표를 작성한 후 다음 해에 증가할 인원수를 예상하여 교사모집 인원수를 정한다. 이때 주일학교 학생들의 영적 상태를 고려하여 교사 증원수를 확정해야 한다. 계획팀은 확정된 인원보다 최소한 서너 명 정도의 여유를 두어 예비교사로 확보해 두는 것이 바람직하다.

유능한 교사진을 확보하라

교사모집 계획을 도표로 그려보면 다음과 같다.

단계/구분	이 론	실 제
1	분위기 조성(6-8월) 1. 담임목사의 교육적 분위기 촉발 2. 교육위 기초자료 수립 3. 교장, 교육(목)사의 공동계획, 진행, 평가	교사모집 계획 1. 교육위 교사선정 기초작업 2. 교사선정 기준검토 3. 교사모집 : 훈련계획 심의 4. 교육주일 : 교육강조
2	준비(9-10월) 1. 교사모집 분위기 구체화 2. 교사선정 규정 3. 교사 교육 직책기록 4. 예비교사물색 - 전교인 대상 5. 예비교사 인적기록 작성	교사모집 1. 교사발굴 2. 모집공고 3. 교사모집 과정표 배부
3	면담(10월말) 1. 면담초청(개인별) 2. 면담자 : 담임, 교육(목)사 3. 면담후 1주간 기도와 결단의 시간 부여	교사대학 1. 강의 2. 현장교육 3. 교사자격증 수여
4	도입 1. 예비훈련(교사대학실시) 2. 임명식	면담 및 임명 1. 면담(개별로) 2. 임명전 영적 훈련 3. 임명식

성장하는 주일학교는 이런 교사를 원한다

교사선택의 기준 검토

교사선정 기준은 정확하게 실천되어야 하며 매년 검토되어야 한다. 기준이 지켜지지 않으면 교사의 긍지가 사라지고 좋은 교사상이 정립되지 않는다.

브라운(C.C.Brown)은 교사모집의 원리에 대해서 몇 가지 물음을 통하여서 답하게 함으로 교사선택의 기준을 제시하고 있다.

1. 누구에게 교사될 것을 요청할 것인가?

특출한 사람, 2-3인으로 된 교사팀, 단기 교사, 주제별 교사, 임시 교사, 예비 교사 등을 든다. 그리고 교사를 물색할 때 유의할 점으로 깊게 관심있게 찾을 것, 광범위하게 구해 볼 것, 인재와 맡을 일을 연결시켜 볼 것, 책임감을 진작시킬 것 등을 들고 있다.

2. 언제 가르치기를 요청할 것인가?

여기에 대한 답은 가능한 한 "속히!"이다. 임무를 시작하기 수 개월 전에 해야 한다. 선정 후 예비교육에 차질이 없도록 미리 서두르는 편이 좋다.

3. 그들에게 무엇을 요청할 것인가?

첫 단계에서 교사에게 거는 교회의 기대를 목록화하여 체크하게 한다. 그리고 둘째 단계로 교회가 교사에게 약속하는 사항을 열거해서 제시한다. 그리고 서약서를 작성한다.

4. 교사될 것을 어떻게 요청할 것인가?

첫째, 작성할 서약서에 관해 토론한다.

둘째, 사용할 교육과정을 소개한다.

유능한 교사진을 확보하라

셋째, 지도하게 될 학생 명단을 소개한다.
넷째, 지망 교사의 질문을 받는다.

5. 그들이 거절하는 경우에는?

거듭거듭 강요하는 행위는 삼가한다. 그들의 결정을 존중하여야
한다.

6. 누가 그들에게 요청할 것인가?

어느 개인이 하기에는 크고 두려운 문제이다. 책임 있는 그룹의
지도자가 하도록 한다.

홍보

첫째, 주보 광고란 또는 게시판을 이용하여 자주 교사 모집 광고를
실어서 주일학교에 교사가 필요하다는 사실을 계속 알려야 한다.
교사를 하고 싶어도 계기가 마련되지 않아서 못하는 경우가 있으므로
가끔 전 교인을 대상으로 교사모집 요강(교사의 역할, 선정기준,
훈련과정, 자격기준 등)을 배부한다.

둘째, 봉사의 동기를 유발시켜라. 이것은 설교자의 역할이 크겠
지만 특별기간(교사헌신예배, 교사 임명식, 교사주일, 어린이주일
등)에는 설교를 통하여 교육의 중요성과 교사의 고귀성과 헌신을
강조해야 한다. 그 외에도 주일학교 행사를 공개하는 것이나, 특
별교육기간(성경학교 또는 부흥회)에 보조자로 함께 참여시키는
것도 하나의 방안이 될 수 있다.

셋째, 필요가 생길 때마다 자주 강단에서 광고를 한다. 목회자가
정기적으로 주일학교의 가치와 중요성을 강조하면 성도들은 더

성장하는 주일학교는 이런 교사를 원한다

좋은 반응을 나타내게 될 것이다.

넷째, 후보(예비)교사가 선정되었을 때에 초청하는 서신을 보내고, 그들이 교실 안에 들어가서 앞으로 자신이 맡게 될 직책을 확인할 기회를 부여하는 것도 하나의 방안이 될 수 있다.

면담과 서약 예비교사 면담

예비 교사로 추천된 분들을 정중한 면담을 위하여 초청한다. 면담할 때는 교회교육의 긴급성과 교사직의 귀중함을 역설한다. 또한 공동적인 신앙체험을 나눈다. 그리고 교사로서 갖춰야 할 몇 가지 기준을 다음과 같이 설정하고 파악한다.

첫째, 구원의 확신이 있는가? 구원 받은 사람만이 구원의 길로 학생들을 인도할 수 있다. 소경이 소경을 인도하면 위험한 자리에 이른다는 주님의 말씀을 기억해야 한다.

둘째, 하나님의 부르심과 소명을 분명히 인식하고 있는가?

셋째, 주님 사랑하는 열정으로 학생을 사랑하는가? 예수님께서 베드로에게 "네가 나를 사랑하느냐"(요 21 : 15 이하)고 동일하게 세 번씩이나 질문하신 사실을 기억하고 합당한 대답을 할 수 있는가를 질문해야 한다.

넷째, 신앙적인 삶의 모습이 있는가? 모든 학생은 모방을 통하여 학습한다. 학습은 정규 교육과정과 비 정규적인 교육과정(hidden curriculum) 모두를 포함한다. 의도적인 정규 교육과정보다 의도하지않은 비정규 교육과정이 학습자에게 더 많은 영향을 끼친다.

다섯째, 배우기에 애쓰는 모습이 보이는가?

여섯째, 헌신적이고도 책임감 있는 사람인가? 하나님과 사람을 위해 자신을 헌신하고 또 약속을 지킬 수 있는 사람이어야 한다.

유능한 교사진을 확보하라

일곱째, 교육자로서 기초적인 능력이 있는가? 이해력, 자기 표현력, 창조력이 있어야 한다.

이상 열거한 일곱 가지 중요한 자질들은 교사 면담시 필히 고려해야 할 점들이다.

교사서약

교사의 임명전에 담임목사 혹은 교육 담당자가 면담을 한 후에 서약을 받으면 좋다. 서약시에는 기간을 정하는 것도 봉사기간을 명백히 하는 효과가 있다.

다음에 기록한 사항은 필자의 교회에서 실시하는 교사 서약서의 양식이다.

성장하는 주일학교는 이런 교사를 원한다

그리스도 예수 안에서 동역자 된 교사님께

혹자는 현대를 가리켜 '위기의 시대'라고 말합니다.

참과 거짓을 분별하는 가치관이 혼란된 시대이며, 생명을 경시하며, 물질이면 모든 것이 가능하다는 풍조가 만연된 시대이기 때문입니다.

우는 사자와 같이 삼킬 자를 두루 찾는 사탄은 영적 공동체인 교회를 예외로 두지 않습니다.

교회 가운데 말씀의 능력이 사라지고, 한 영혼의 소중함을 잃어버리고 있으며, 보이는 것들에만 중요성을 두고 있는 것이 현실입니다. 그 뿐 아니라 강퍅한 마음으로 세상의 죄악을 향하여 달음질쳐 나아가는 영혼을 주께로 인도해야 할 우리의 마음 가짐과 태도는 사탄의 전략에 대응할 준비가 되어 있지 못함을 고백해야 할 것입니다.

지금은 사다가 깰 때입니다. 깨어 기도해야 할 때이며, 우리의 마음을 찢고 부르짖어야 할 시간입니다. 예레미야 선지자가 그가 처한 현실을 직시하며 눈물 흘려 하나님께 기도하듯 이 세대와 맡겨 주신 영혼을 바라보며 우리 또한 흘리는 눈물이 있어야만 합니다.

사랑하는 교사 여러분! 우리가 하나님을 알고, 예수 그리스도를 영접하고 기뻐 뛰놀며 찬양하던 그 순간을 기억하십니까? 하나님께로 받은 그 사랑이 내게서 멈추어서는 안된다는 사실 또한 자명하지 않습니까? 하나님의 사랑을 받기 원하여 기다리는 영혼들을 향해 하나님의 사랑에 빚진 자인 우리가 달음질쳐 가야 하지 않겠습니까?

유능한 교사진을 확보하라

사마리아의 수가성 우물 곁에서 넉 달이 되어야 추수할 때라고 말하는 제자들에게 "눈을 들어 밭을 보라. 희어져 추수하게 되었도다"라는 주님의 말씀을 어디에 적용하시겠습니까? "우리가 누구를 보내며 누가 우리를 위하여 갈꼬" 부르시는 주님 앞에 "내가 여기 있나이다 나를 보내소서"라고 고백할 자는 바로 성도된 우리입니다.

영혼의 목자(교사)의 길이 결코 쉬운 것은 아닙니다. 목자의 장이 되시는 주님께서 주신 영혼을 반의 목자된 우리에게서 찾으실 것이기 때문입니다. 반의 목자로서의 일은 억지로 할 수 없으며, 사람의 권유로 되어질 수 없습니다. 지식만으로도 안되며, 시간이 많다는 이유만으로도 되지 않습니다. 경험만으로도 아니됩니다.

누가 이일을 할 수 있습니까?

하나님의 크신 사랑을 체험한 사람이며(롬 5 : 8), 하나님의 뜻을 분명히 깨달은 사람입니다(마 18 : 14). 예수님의 시선과 마음으로 영혼을 바라보는 자이며(마 9 : 37-38), 자신은 부족하지만 하나님의 능력을 확신하는 자입니다.

하나님의 위임명령(마 28 : 19)과 약속 앞에 지나온 교사의 직분을 기도하며 정리하시고 ○○학년도 교사로 결단하실 수 있기를 바랍니다.

19 년 월 일

교육위원회 교장 ________ 목사

위원장 _________

성장하는 주일학교는 이런 교사를 원한다

_______학년도 _________교회 주일학교 교사의 결단

1. 한 반을 담당하는 반목회자의 소명의식을 갖고 선한 목자가 되도록 최선을 다하겠습니다.

2. 맡은 양떼의 거울됨을 자각하여 영적인 면과 생활의 모든 면에 모범을 보이겠습니다.

3. 영혼에 대한 부담감을 가지고 반에 맡겨주신 영혼을 하나님 나라에 인도하기까지 최선을 다하겠습니다.

4. 년 1회 성경을 정독하고 묵상하기 위한 계획을 세우고 실천하겠습니다(매일 3장, 주일 5장을 정독하면 년 1회 성경을 읽을 수 있습니다).

5. 년 1명 이상 전도하여 솔선수범하고 반의 목표를 위해 노력하겠습니다.

6. 매일 반 영혼들의 이름을 부르며 기도하고, 정기 기도모임에 참여하겠습니다.

7. 결석자는 주 1회 심방하며 양떼의 형편을 부지런히 살피겠습니다.

8. 예배시작 30분 전에 교회에 도착하여 영혼을 돌보겠습니다.

9. 공과교수를 위하여 교안작성을 실천하겠습니다.

10. 교회의 정기집회(주일예배, 수요예배, 금요기도회 등)와 교육위원회가 실시하는 각종 교육에 빠짐없이 참여하겠습니다.

11. 자신의 발전을 위하여 교사 필독서와 개인 경건의 시간을 갖겠습니다.

본인은 주일학교 교사됨을 인식하며 _____년도 교사로 충성스럽게 감당하기를 원합니다.

●

유능한 교사진을 확보하라

서명자 _________ 서명 또는 날인________

* 교사로 자원하시는 분만 서명을 하셔서 지도 교역자 또는 부서장에게
제출 바랍니다. (___월 ___일 까지 입니다)

성장하는 주일학교는 이런 교사를 원한다

훈련

훈련된 교사(교사의 훈련 부분은 다음 장을 참고하라)는 사명감 고취와 교사 간의 친목을 위한 모임과 기도회를 갖는 것이 좋다. 그리고 주일예배 시간에 공적으로 임명을 하고 헌신을 재확인 하여야 한다.

임명

선발과 훈련을 마친 후에는 임명하는 절차가 남아 있다. 그러나 본인이 원하고 훈련을 마쳤다고 해서 무조건 임명장을 주면 된다고 생각하는 것은 잘못이다. 임명식을 하기 전에 신앙적 결단이 필요하다.

주일학교란 일반 학교와는 달라서 지식만 전달하는 학교가 아니라 신앙을 가르치고 하나님의 말씀을 전해서 온전한 사람으로 변화시키는 곳이므로 교사 자신이 먼저 영적인 헌신의 각오로 출발해야 한다. 특별히 교사의 임명 전에 결단의 시간을 갖는 것이 필요하다.

유능한 교사진을 확보하라

참고도서

- 김문철, 교회교육 교사론, 종로서적, 1991. pp. 57-70.
- 이선희, 교회학교 교사교육, 나침반, 1994. pp. 25-30.
- 브루스 윌킨스, 마음을 여는 가르침 상, 정 현 역, 디모데, 1994. pp. 20-27.
- 감리교신학대학 한국선교 교육 연구원, 교회교육 핸드북, 대한기독교출판사, 1977. pp. 31-44.
- 오인탁·정웅섭 공저, 교회 교사교육의 현실과 방향, 대한기독교출판사, 1987. pp. 41-53.
- 도날드 그릭스, 교사훈련을 위한 지침서, 김광률 역, 대한예수교장로회출판국, 1989. pp. 152-155.
- 엄문용, 교회의 현장교육, 대한기독교출판사, 1985. pp. 13-14.
- 밥 후레갈, 교회학교 핸드북, 강수도 역, 요단출판사, 1983. pp. 35-41.

성장하는 주일학교는 이런 교사를 원한다

2장

교사 훈련, 이렇게 하라

"교사를 훈련시키는 일은 교사를 모집하여 선택하는 일만큼 중요하다. 교사들에게 훈련받을 수 있는 기회를 제공해 주는 것이 교회의 책임이며, 기꺼이 그것을 받아들여 자신을 훈련시키는 것은 교사의 책임이다. 교사 훈련은 더 좋은 그리스도인, 더 좋은 봉사, 더 좋은 영혼, 주님을 위한 더 많은 결과의 열매를 낳는다."

— 바이르네

교사훈련의 문제점

세계 주일학교가 탄생된 지 200년이 넘었고 한국에 기독교가 입국한 지 100년이 훨씬 넘은 이때 교육의 중요성이 더욱 심화되고 있다. 일반 학교의 교사가 되기 위하여 최소한 4년제 대학을 마치고 임용고시를 치러야 교사자격증을 준다는 것에 비교하면 주일학교 교사의 자격은 너무 미비하다는 생각을 갖게 된다.

1980년도에 한국 기독교 교육 연구원에서 조사한 '한국 교회 학교 교육 실태 조사서'에서 교사들의 자질을 알기 위해 교사가 되기 전에 어떤 준비 과정을 거쳤는지 알아 본 결과 다음과 같은 결과가 나왔다.

응 답 자 별	교 사 (N=477)	교육지도자 (N=253)	전 체 (N=386)
교육받은 일이 없다	28.3	21.3	25.1
친구가 하던 일을 어깨 너머로 보았다.	12.4	3.6	8.9
교회 내의 교사 양성반을 거쳤다.	13.2	13.0	13.7
혼자 책을 읽으며 배웠다.	22.6	18.2	20.6
대학 수준의 교직과정을 했다.	4.8	15.8	9.7
외부의 교사 강습회에서 수강했다.	16.1	18.2	16.3
교사 통신 강좌를 마쳤다.	0.4	2.0	0.9
일반 학교에서 가르친 경험이 있다.	1.1	5.1	2.8

이상의 통계에서 보듯이 전체 응답자의 25% 이상이 아무런 준비도 없이 교사가 되었음을 알 수 있다. 그 뿐 아니라 1988년

김명삼이 교사와 교육의 실태를 연구하기 위하여 장로교회에 소속되어 있는 1,540여명의 교사들을 대상으로 조사한 결과, "서울지역 교사의 56%가 교사가 되기 전에 어떤 준비과정도 거친 적이 없다고 말한 것을 보면 교회의 신앙 교육의 질에 대한 심각한 우려를 하지 않을 수 없다"는 결론을 얻었다. 이러한 경향은 교회의 크기와 관계없이 거의 같은 결과를 보이고 있다.

사실, 규모가 큰 교회를 제외하고는 거의 모든 교회들이 교사훈련을 하지 못하고 있는 실정이다. 그 결과 주일학교 교사들의 교육현장은 빈약할 수밖에 없다. 그리고 교사훈련이 실시되는 현장에도 몇 가지의 문제점들이 표출되고 있음을 볼 수 있다.

첫째, 기독교계의 교육 전문가 부재(不在)와 장기적인 교육 행정의 미비, 교회의 교육적 사명의 망각으로 제대로 교사훈련이 이루어지지 않고 있다. 교사들도 교사훈련을 주일학교의 양적 부흥만을 위한 도구로 인식하고 있는 실정이다.

둘째, 교사훈련의 대상자인 교사들의 자격요건이 문제이다. 교사의 자격 요건을 갖추지 못하고 봉사하는 사람들이 너무나 많다. 교사 임명자들 가운데는 자원하는 사람들도 많으나 일부는 강요나 체면, 또는 교사를 한 번 해보는 것이 좋을 듯 싶어서 교사로 임명 받는 경우도 있다.

셋째, 교회에서 이루어지고 있는 교사훈련이 방법론적인 면으로만 치우치는 경향이 있다. 본질을 이탈하여 흥미중심으로 이끌림을 받으며 지식만 주입한다. 이러한 현상은 기독교 교육 철학을 마비시키고 급기야는 교사의 가치관을 혼란케 하여 그릇된 주일학교 교육으로 이끈다.

넷째, 교사훈련의 현장에서 획일성을 벗어버리지 못하는 것이다.

특별 절기 중심의 교사 강습회나 세미나에 참석하는 것이 교사교육의 전체로 생각하는 경향이 있다. 현재 한국교회에서 시행하는 교사 강습회는 일반적으로 아이들의 흥미에 영합하는 내용 중심으로 이루어지고 있다. 실제로 교육의 현장에서 필요로 하는 기본적인 기독교 교육 이론이나 실제는 대부분 생략되고 있다. 흥미가 전혀 배제되어서는 안되지만, 먼저 단단한 골재와 터가 형성되고 후에 좋은 방법과 재료가 보급될 때 더 좋은 교육이 이루어질 수 있다.

교사훈련의 중요성

우리는 로버트 쿡(Robert A. Cook)의 말을 귀기울여 들어야 한다. "충분히 준비되지 못한 상태로, 세상에서 가장 중요한 일을 하러 나선다는 것이 얼마나 불행한 일인가? 조금만 분별있게 살핀다면, 그와 같은 행위는 교사인 자신의 수치일 뿐 아니라 갈급해 있는 영혼에 대하여 죄악이 된다는 사실을 깨닫게 될 것이다."

교사는 자신의 역할이 중요한 만큼 사명 감당을 위하여 훈련되어야 한다. 교사는 제공되는 여러 교사 재교육 프로그램에 참여함으로써 자신을 좋은 교사로 준비해야 한다.

유능한 교사는 하루 아침에 생겨나는 것이 아니라 훈련에 의해 만들어지는 것이라는 사실을 주일학교를 총괄하는 책임자는 염두에 두어야 한다.

"이제라도 교회는 교사의 교육과 훈련에 대한 계획을 과감하게 마련하고 실시하자. 여기에서 사명 의식에 불타오르고 유능함이 겸비된 교사가 탄생되어 교회의 교육적 사명을 다하는 교회가 약속될 수 있다"고 류재하는 쓰고 있다.

교사 훈련, 이렇게 하라

"교사를 훈련시키는 일은 교사를 모집하여 선택하는 일만큼 중요하다. 교사들에게 훈련 받을 수 있는 기회를 제공해 주는 것이 교회의 책임이며, 기꺼이 그것을 받아들여 자신을 훈련시키는 것은 교사의 책임이다. 교사훈련은 더 좋은 그리스도인, 더 좋은 봉사, 더 좋은 영혼, 주님을 위한 더 많은 결과의 열매를 낳는다." 이것은 교회와 교사훈련 프로그램의 중요성을 인식한 바이르네(H. W. By-rne)가 한 말이다.

몇몇 교사들은 다른 교사들보다 좋은 소질과 교사로서의 자질을 갖고 태어날 수 있다. 그러나 어떤 사람이 성령님에게서 은사를 받았다 할지라도, 그 사람이 속해 있는 교회라는 맥락 안에서 그 은사를 적절하게 사용할 수 있도록 훈련되어야 한다. 그들은 훈련을 통해 좀더 유능하고 자신감 있는 교사로 만들어진다. 교회 내에서 진행되는 교육 프로그램의 성공 여부는 직접적으로 교사들에게 제공된 훈련과 후원의 양(量)과 질(質)로 측정된다.

그러므로 모든 교회는 크거나 작거나 간에 그 교회 교사들을 위해 필요한 훈련이나 후원할 교사 훈련 전략을 수립해야 한다.

교사훈련의 목적

교사는 반의 목회자라는 사실을 주목하여 두 가지의 훈련 목적을 생각할 수 있다.

첫째, 교회의 교육목회에 참여할 지도력을 개발하는 것이다. 교사훈련은 단지 주일학교 각 부서에 속한 학급의 교사를 훈련하는 차원이 아니다. 교회의 전교인을 개발하고 훈련하는 성도훈련의 일부이며 동시에 교회의 평신도 지도자의 육성이라는 안목에서 시

성장하는 주일학교는 이런 교사를 원한다

행되어야 한다. 다시 말하면 교사는 교육목회에 동참할 자질과 지도력을 지닐 수 있도록 부단히 개발되고 훈련되어야 한다.

둘째, 자원 봉사자의 차원으로부터 전문 봉사자의 차원으로 승화시키는 목적이다. 사실 교육행위처럼 전문성이 요청되는 직분이 없다. 기독교 교육은 천하보다 귀한 한 영혼을 다루는 일인 만큼 철저하게 전문성을 갖지 않으면 안된다.

육체의 생명을 다루는 의사가 최고의 전문성을 가져야 한다면, 영적 생명을 다루는 주일학교 교사의 전문성은 시급히 요청되는 과제가 아닐 수 없다. 어린이 기독교 헌장과도 같은 "누구든지 나를 믿는 이 소자중 하나를 실족케 하면 차라리 연자맷돌을 그 목에 달리우고 깊은 바다에 빠뜨리우는 것이 더 나으니라"(마 18 : 6) 하는 주님의 음성을 우리는 기억해야 한다.

교사훈련의 방법들

교사들의 수준이 일정하지 않으므로 그들에 대한 교육과 훈련 프로그램은 그들의 수준을 참작하여 준비되고 효과있게 진행되어야 한다.

교사 예비교육(Pre-service Training)의 원리

교사 예비교육의 정의

교사 예비교육 과정은 예비교사 또는 교사 경력이 없는 신입교사들에 대한 교육을 의미한다. 여기에서는 교사로서의 최소한의 기초적 지식을 교육하는데, 이 과정은 모든 교사가 의무적으로

교사 훈련, 이렇게 하라

마쳐야 한다. 이 과정을 마친 자들에게 교육현장을 참관케 하여 현장성을 몸에 익히고, 실제로 필요한 학습 지도안을 준비할 수 있도록 지도한다. 또한 방법을 구체적으로 연구하는 워크숍을 그룹별로 실시하므로 교사로서의 만반의 준비를 다하도록 하는 과정이다.

교사 예비교육의 목표

교사를 모집한 이후의 과제들에 대해서 컬리는 네 가지를 지적하였다.

첫째, 교사를 격려하고 강화시키는 단계이다. 이 단계에서 교회 지도자들은 그들을 격려하고 그들의 사기를 높이기 위한 특별한 노력을 해야 한다.

둘째, 교육을 위한 투자의 단계로 교육에 필요한 교실 공간과 시설, 교구들을 마련할 적절한 예산을 세워 이를 집행해야 한다.

셋째, 개인 중심의 교사훈련을 하는 단계인데, 예비 교사들에게 개인적인 수준, 요구, 필요에 부응하는 교육 즉 예비교육을 제공한다. 다양한 바탕에서 처음 시작하는 교사들이므로 개별성을 감안한 교육이 효과적이다.

넷째, 팀 교수법에 의한 교사교육이 따르는 단계인데, 경험 있는 교사와 예비 교사가 한 팀이 되어 서로 도움을 나누며 지원을 함께 하는 발전된 형태의 예비교육이라 하겠다.

예비교육은 한국교회에서 신입교사 대부분이 받지 못한 것이지만 앞으로 개발되어야 할 부분이다.

예비교육의 단계에서 강조해야 할 사항은 무엇인가? 컬리의

성장하는 주일학교는 이런 교사를 원한다

주장을 서술하여 본다.

첫째, 교사 예비훈련은 결국 신입교사들을 돕고 격려하는 데 그 목적이 있다.

둘째, 예비 교육과정에서는 자원 제공자가 특히 결정적 도움을 주어야 한다.

셋째, 신입교사 교육에는 부장 등 선임교사가 동석하는 경우 감독자의 인상을 배제한 순수한 도움을 주어야 한다.

넷째, 신입교사들의 수준, 능력을 넘지 않는 훈련의 내용을 가져야 한다.

다섯째, 신입교사들이 자주적으로 서로의 관심을 나누며 서로를 알아, 성장의 기회를 서로 갖도록 해야 한다.

여섯째, 교육 기간 동안 특히 예배와 학습의 쇄신을 위한 기회를 제공해야 한다.

교사 예비교육의 계획과 시행

• 시기와 도입계획

매년 10월 말쯤 교육 책임자와의 면담이 끝난 후 한 주간쯤 기도와 결단의 기간을 부여하고 교사로 헌신을 다짐하는 사람들에게 교사직으로 도입하는 단계를 가지도록 한다. 예비 훈련 계획과 관련된 세부적인 사항으로 샬러와 티드웰은 예비교육 대상자들을 훈련의 과정으로 인도하는 데 필요한 아이디어를 말하고 있는데 요약하면 다음과 같다.

첫째, 초청장의 발송은 깊은 배려하에 정중히 한다.

둘째, 교회가 교사들에게 요구하는 것을 처음부터 분명히 제시한다.

셋째, 예비 교육의 개요, 곧 시간, 시기, 내용, 방법, 일정 등을 명시한다.

넷째, 최저 참석 의무 시간수, 횟수, 의무사항 등을 명확히 알린다.

다섯째, 예비 교육 수료가 자동적으로 어떤 직위의 수임이 아님을 분명히 한다.

여섯째, 피교육자 등록제를 실시한다. 또한 예비 교육 수료자에게는 수료식 형식의 절차가 필요하다. 예배 형식을 가미하여 그들을 인정하고 격려하는 일이 필요하다.

• 예비교육에서 가르쳐야 할 분야

첫째, 사명의식이다. 예비 교육 과정에서는 교사 자신의 신앙이 성장하도록 기도하며 계속적으로 연구하면서 사명의식을 고취하는 기회가 주어져야 한다. 만일 교사가 지식이 풍부하고 교육 방법이 탁월해도 구원의 확신이 없거나 소명 의식이 없으면 참다운 기독교 교육을 수행할 수 없기 때문이다.

둘째, 기독교 교육의 목적이 제시되어야 한다. 교사가 무엇을 가르쳐야 하는지 알지 못한다면 나침반 없는 배와 같이 파선하고 말 것이다. 예비 교사 교육 단계에서 기독교 교육의 목적 제시는 중요한 부분이다.

셋째, 목적을 성취하기 위한 과정이 제시되어야 한다. 즉 기독교의 신앙과 생활이 어떤 단계를 통해서 학습되는지 생각해 볼 수 있는 과목이 포함되어야 한다.

넷째, 인간 발달 심리를 알아야 한다. 교육은 성장 발달 단계의 인간을 돕는 것이다. 그러므로 교사는 인간의 각 발달 단계의 변화와 연령에 따르는 관심과 이해의 폭을 알아 둘 필요가 있다.

성장하는 주일학교는 이런 교사를 원한다

다섯째, 내용 파악 즉 교육과정을 단계별로 파악해야 한다. 사용하는 공과의 주제와 다루는 내용을 파악해야 하며, 교회 또는 부서의 교육과정을 파악해야 한다.

여섯째, 다양한 교수 방법을 파악해서 필요에 따라 구체적으로 응용할 수 있어야 한다.

이상의 여러 가지 과제를 전문가를 통해서 학습 받고 훈련 받아야 한다.

교사 계속교육(In-Service Training)의 원리

교사 계속교육 과정의 정의

이 과정은 예비교육 과정을 거치고 이미 교육현장에서 교사의 직무를 수행하고 있는 모든 교사들에 대한 교육을 말한다.

교사 계속교육의 필요성에 관해서 에드워즈는 이렇게 서술하였다. "새 지식, 새 기술의 계속적인 발전은 어느 분야의 일꾼들에게나 계속적인 교육과 훈련을 요청한다. (중략) 기독교 교육의 분야에서는 신학 사상의 발전, 그것에 따르는 교육과정(커리큘럼)과 교육 방법의 개선이라는 상황이 교사의 계속교육을 요청한다. 새로운 교육적 아이디어와 교육 경험으로 항상 새로운 실험적 교육이 필요하다."

현재 교사의 사역을 감당하는 자들의 자질을 더욱 높여 가는 과정으로의 계속 교육과정은 끊임 없는 연구와 노력을 요청할 뿐만 아니라 교육 현장에서부터 제기되는 많은 문제들을 계속 접하게 함으로써 그 해결을 강구하게 하는 일석이조의 효과를 거둘 수 있게 한다.

교사 계속교육 과정의 원리

첫째, 교회에서는 모든 교사들이 계속 성장하고 발전하도록 이끌어 주어야 한다. 교사는 기독교 신앙에 관한 폭넓은 지식과 인격의 성장, 맡겨진 사명의 완수를 위해 가르치는 기술면에서도 더욱 발전해야 한다.

둘째, 교사가 갖고 있는 요구 또는 필요에 대하여 계획적이고 구체적인 훈련을 시켜야만 한다. 연중 행사로서의 교육이 아니라 뚜렷한 목적을 세우고 교육을 실시해야만 한다.

셋째, 교육과 훈련이 이론에서 멈추어서는 안된다. 그 이론을 실천으로 적용하는 것이 중요하다. 이론과 실제를 종합하는 과정이 필요하다.

교사 계속교육의 계획

교사 계속교육의 계획에 관한 글 중에서 권(P. H. Gwynn)은 계속교육이 교사의 지위, 경력 등에 따라 다르게 계획되어야 한다고 제언한다. 그는 교육의 기회를 세 차원으로 말한다.

첫째, 초임 교사를 벗어난 지 오래 되지 않은 교사 또는 간단한 텍스트 자료를 원하는 교사, 단시간의 훈련을 희망하는 교사를 위한 가장 차원낮은 계속교육이다.

둘째, 계속교육의 기회를 많이 갖지 못한 교사, 보다 상급의 학습 자료를 원하는 교사, 어느 정도 충분한 기간의 훈련을 원하는 교사를 위한 약간 수준 높은 계속교육이다.

셋째, 경력이 많은, 지도층의 교사를 위한 차원이다. 특수한 자료나 보다 전문적인 자료를 원하는 교사를 위한 최상급의 계속교육이다. 이렇게 교육 대상자에게 맞도록 여러 차원에서 준비된 계속 교육이라야 보다 충분한 효과를 얻을 수 있다.

그 뿐 아니라 교사 계속교육은 그 분야에 있어서도 다양하게 성격적으로 특성화 되어 계획되는 것이 바람직하다고 본 코버(K. L. Cover)는 계속교육에는 세 가지 분야가 요청된다고 한다.

첫째, 개인적 인격적 성장 분야로 하나님과의 관계의 성장, 그리스도 이해의 성장, 교회적 삶의 성장 분야이다.

둘째, 과제 추구 분야로 교육적 책임에 따르는 특수과제, 특수 프로그램의 분야이다.

셋째, 그룹 형태 분야로 그룹과의 관계, 클래스 다이나믹스의 분야이다.

위 분야 중 가능한 하나만을 중점적으로 심도 있게 다루는 것이 계속교육의 특성에 맞는 효율적인 교육이 될 것이다.

구체적으로 교사 계속교육의 계획에 있어서 질문할 사항은 다음과 같다.

첫째, 교사 계속교육은 누가 책임지고 시킬 것인가?

둘째, 교사들에게 현실적으로 필요한 것은 무엇이며 그 방법은 어떻게 알 수 있는가?

셋째, 그 동안 실시해 왔던 방법 중 잘된 점과 잘못된 점은 무엇인가?

넷째, 지금 당장 보강해야 할 것은 무엇이며 점차적으로 해야 할 것은 무엇인가? 그것들을 위하여 장기계획을 어떻게 세울 수 있을 것인가?

다섯째, 교사 계속교육을 시행해 나갈 수 있는 재정, 장소, 시간

등의 제반 여건은 어떠한가 ?

교사 계속교육의 형태

교사들을 어떻게 훈련할 수 있는가 ? 어느 교회에서는 교사 대학 과정을 두어 교사들을 훈련시킨 후 교사로 임명하는 교회도 있으나, 여기에서는 교사 계속교육의 차원에서 가능한 방법들을 찾아보고자 한다.

• 교사 대학

교사 대학을 이용한 교사 교육 방법은 비교적 교사가 많은 교회나 지역 교회가 연합하여 할 수 있는 방안이다. 교사 대학은 일반 대학과 같이 학점제를 도입하고, 일정의 교육 과정을 편성하여 해당 학기 동안 배우게 한다. 주 1회 개설하고 교사의 깊이 있는 연구를 위하여 필수과목과 선택과목을 구분하여 자연스럽게 흥미를 가지고 배울 수 있도록 한다. 교사 대학의 모든 과정을 이수한 교사를 정교사로 임명한다.

교사 대학을 효율적으로 운영하려면 유능한 강사를 초빙하는 것이 중요하다. 학력만으로 유능함을 판가름할 수는 없으며 교사들의 요구와 필요를 충족시켜 줄 수 있는 강사여야 한다. 교사 대학 진행자들은 현장의 중요성을 인식하고 사역하면서 기초를 가진 강사 섭외에 주안점을 두어야 한다. 교사 대학을 효율적으로 운영한다고 지나치게 융통성을 발휘하면 득보다는 실을 가져올 수 있다.

• 교사세미나

교사들과 주일학교 사역자들이 그들의 기술을 향상하도록 기회를 마련해 주어야 한다. 모든 부서의 교사들이 동시에 참여할 수도 있지만 교육대상을 제한하여 한 번은 어린이부서에서 일하는 사역자들을 위하여, 다른 한 번은 청소년 사역자들을 위하여 진행할 수 있다.

내용은 가능한 과목들에 대해 거의 제한할 수 없으며 과목의 선정은 각교회의 필요에 따라서 해야 한다. 만일 정규적인 훈련과 정을 갖고 연속적으로 세미나에 참석하게 하는 형태라면 그 과목들은 연속성 있게 짜여져야 한다. 그러나 매 세미나마다 상당수의 신입 교사들이 있다면 반복되는 과정들도 있어야 한다.

교사 계속교육 과정에서 다룰 수 있는 내용은 영적 성장을 위한 성경연구, 기독교 교육을 위한 신학적 기초, 각 연령별 인간이해, 예배학, 탁월한 교수법, 활동을 통한 학습법 등을 다룰 수 있다.

세미나를 위하여 구태여 교회 밖에서 가르칠 사람을 찾을 필요는 없다. 이미 교사훈련을 받고 가르친 경험이 많은 교사들이나 사역자는 이런 교사세미나를 인도할 수 있다.

그리고 두세 사람의 교사가 한 팀이 되어 같이 계획을 세우고 한 과정을 담당할 수도 있다. 그룹의 회원 중의 한 사람이 리더가 되어 그룹토의를 할 수 있는 서적들도 있다. 또한 기독교 교육연구소와 같은 전문기관과 연결하여 교사세미나의 계획에 도움을 받을 수도 있다.

연중 1회 정도는 교사를 위한 특별 세미나를 가져 교사들의 사명감을 불러 일으키는 계기로 삼는다. 특별강사를 초청하여 교사의 관심을 자극시키고 영적으로 새로와지는 계기가 될 수 있기 때문이다.

교사 훈련, 이렇게 하라

• 제자훈련

1년에 한 번은 영적 재무장을 위하여 의무적으로 참여케 한다. 이 훈련계획에는 교사만 아니라 교회의 직분자(구역장, 권찰, 찬양대원, 교구의 사역자 등)도 포함시켜 교육훈련을 시킴이 바람직하다.

육체의 건강을 위하여 1년에 한 번 정기 건강진단을 받듯이 제자훈련도 자기의 영성을 진단받고 치료하고 새 힘을 얻는 계기가 된다.

훈련 장소는 교회보다는 기도원이 좋으며, 훈련기간은 일정 기간을 설정하고, 1회에 한하여 자기가 훈련 가능한 날짜에 임의 신청토록 한다. 교사의 등록비를 받고 그 외의 소요경비는 교회가 부담한다.

• 교사 헌신자를 위한 강습회(교사단기 수련회)

새해 1월에 실시하는 수련회로서 한 해의 시작 시점에서 교사의 자세를 확립하고 사명을 깨닫게 하며 하나님이 인정하시는 교사가 되게 하기 위하여 1일 또는 2일에 걸쳐서 실시한다. 이때에는 새해의 주일학교 교육방침과 교사의 자격과 임무, 주일학교 행정, 효과적인 분반운영과 학생지도에 대한 강의를 듣고 함께 기도하는 시간을 갖는다. 모임의 시간은 주일의 시간을 이용하여 2주간에 걸쳐서 진행하든지 아니면 평일에 2일 정도를 진행한다.

• 교재를 이용한 교육

책을 통해 교사들을 훈련시키는 방법이다. 이를 실시하기 위하여서는 다음과 같은 과정을 거친다.

첫째, 책을 선정한다. 교사가 각기 책을 선정하지 말고 3−4명이

같은 책을 읽을 수 있게 한다. 각자 한 권씩 맡기게 되면 담당자가 부실할 때 그 분야는 부실해 질 수밖에 없기 때문이다.

둘째, 책을 읽게 한다. 책을 읽게 할 때는 언제까지 얼마만큼 읽어야 하는지 범위를 정해 주어야 한다. 이때 주의할 점은 분량을 너무 많이 주지 말라는 것이다. 분량이 많으면 감당치 못하게 되고, 짐이 되면 훈련에 기꺼이 참여하지 않는다. 1주일에 한 장(제○○장)정도면 적당하다.

셋째, 정리작업을 하게 한다. '구슬이 서말이라도 꿰어야 보배다'라는 말이 있듯이 많이 읽는 것도 중요하지만 읽은 것을 정리하는 것도 중요하다. 이 작업은 교재를 통한 훈련에 필수 요건이다.

넷째, 정리한 것을 가지고와서 발표하게 한다. 1주일에 한 번씩 아니면 두 주에 한 번씩 모여 자신이 정리한 것을 발표하게 한다. 이때 그룹은 같은 책을 읽은 사람끼리 모이게 하고 발표자가 발표후 보충할 것을 보충하여 기록하게 한다. 이 방법은 하나라도 확실히 익히는 데 목적이 있다. 게으르지 않도록 하게 하기 위하여 모일 때마다 기록 여부를 확인해 주어야 한다.

• 도서관을 통한 교육

교회 안에 도서관을 설치하여 교사나 피교육자들이 충분히 연구할 수 있도록 배려할 필요가 있다. 비록 작은 교회라도 교회교육에 필요한 몇 권의 책과 책을 읽을 수 있는 아담한 분위기는 교사 계속교육에 더 없이 좋은 여건이 될 수 있다.

교회 도서관에 구비할 책의 종류는 다음과 같다.

첫째, 참고서 종류이다. 주석, 성구사전, 성경사전이 여기 속한다.

둘째, 성경에 대한 책으로 성경지도, 성경개론, 성지순례에 관한 것들과 성경의 풍속, 성경의 동식물 등에 관한 자료들이 여기 속한다.

셋째, 기독교 신앙에 관한 것으로 신학, 수필, 신앙간증집 등이다.

넷째, 교회사에 관한 서적으로 교파의 역사와 세계 종교들에 관한 책들이다.

다섯째, 각 연령층 이해를 위한 심리학 서적이다.

여섯째, 돌봄과 상담 사역에 관련된 서적이다.

• 교사 월례회를 통한 교육

대부분의 교회들은 달마다 정해 놓은 교사 월례회가 있다. 주로 모임이 사무적인 이야기로 시작하여 마치는 경우가 많으나 사무적인 일을 신속히 처리하고 남은 시간을 이용해서 교사 연구 모임과 같은 교사 계속교육을 할 수 있다.

외부 강사를 초청해서 수강해도 좋고, 교사들에게 미리 준비된 주제에 따른 연구 발표를 해도 좋으며, 제목을 놓고 각자 연구 발표나 토의, 좌담회, 연구수업을 진행할 수도 있다.

• 견학, 관람

연중 1~2회의 계획을 세워서 시범 교수 학습 관람을 하고 토의하는 것은 대단히 중요한 자극과 유익을 줄 수 있다. 때에 따라서 타 교회의 교육현장을 방문, 견학하는 것도 바람직한 일이 될 수 있다.

• 교사 강습회

타 기관에 의뢰하여 교육을 하는 방법과 교회 자체적으로 강습을 할 수 있다.

•

성장하는 주일학교는 이런 교사를 원한다

타기관에 의뢰하는 경우는 우선 위탁기관과 일정 등을 정한다. 언제 어느 기관에 몇 사람이 가서 배울 것인가를 정해야 한다. 그리고 교사들을 배정한다. 강습회 장소에 가서 각기 다른 교실로 가서 배우는 방법과 각기 다른 기관에 가서 2-3명의 교사가 같은 과목을 배워오는 방법이 있다. 교사는 필히 배운 것을 기록하게 하고 와서 발표하게 한다.

교회 자체에서 강습회를 진행하는 경우에는 고려할 점이 많이 있다. 그 가운데 너무 많은 과목을 다루는 일과 한 과목당 시간이 너무 짧다는 것이다. 그 결과 교사들은 개론적으로 배우게 된다. 그래서 기존 교사들은 안다고 말한다. 그러나 시켜보면 하지는 못한다.

그러므로 교회 자체강습회를 기획하는 분들에게 다음과 같은 제안을 하고자 한다.

첫째, 과목선정을 신중히 한다. 과목은 교양과목과 필수과목이 있다. 한 번 듣고 배울 과목이 있는가 하면 필수적으로 익혀야 할 과목이 있다. 필수과목은 이론만 아니라 실제적인 훈련을 통하여 완전히 숙달해야 한다.

둘째, 필수과목은 전문가를 초청해서 배운다. 한 번을 배워도 확실하게 배우기 위함이다.

셋째, 각 과목은 시간을 충분히 가진다. 과목당 90분~100분을 할애하고 더 중요한 것은 그 시간의 2배를 배정해야 한다.

넷째, 선택강좌를 개설하여 배우게 할 수 있다. 같은시간에 두 명의 강사가 강의를 진행한다. 교사들은 원하는 강의를 수강하게 되고 이미 자기가 아는 과목은 피할 수 있다. 인원이 적어도 좋다. 3명 이상이면 시도할 수 있다.

교사 훈련, 이렇게 하라

다섯째, 계속 연결되게 한다. 연중에 행하는 강습회이든 아니면 매년 진행하는 강습회이든 연계성이 있어야 계속 연결이 된다. 어느 교회는 다시 반복 교육을 하는 경우가 있으나 그렇게 하면 교사는 싫증이 나고 교사들은 다 안다고 한다. 그러므로 깊이 있고 발전적인 교육을 모색해야 한다.

전문 교사교육(Supervisior Training)

전문 교사교육 과정은 최상급 교사 교육의 과정으로서 교회교육의 정상화와 효율화를 위한 교육의 전문화 및 분업화를 위한 훈련과정이다.

교육 대상은 교사의 예비교육과 계속교육과정을 이수한 자로 교회학교에서 교장, 부장, 부감, 총무직 등 이른바 '교사들의 교사'들이다. 뿐만 아니라 여기에는 특수전문성이 있는 프로그램 수립자와 그룹지도자, 교육상담자와 성가대 지도자 등이 포함된다.

이 과정을 통하여 지도감독의 기술과 교육개발의 능력을 증진시키고, 그룹지도의 기술과 기능, 상담의 기술과 성가대 육성 및 운영에 대한 기술을 터득케 하고, 더 나아가서 그룹의 비전을 터득하게 함으로 그들을 전문성 있는 교육지도자로 육성시키는 것이다.

● 교사 양성 프로그램

교사를 잘 교육하여 능력있는 일꾼으로 성장시키기 위해서는 현재의 수동적이고, 소극적인 교사를 위한 프로그램보다는 좀 더 적극적이고 능동적인 교사교육 프로그램의 개발이 이루어져야 한다.

●
성장하는 주일학교는 이런 교사를 원한다

　　교사라는 직분을 감당하기 위해서는 영적인 부분뿐 아니라 지식적인 많은 것을 갖추고 있어야 한다. 그러므로 좀더 체계적인 교육과정을 마련하여 교사양성에 힘쓸 필요가 있는 것이다.

　　성경, 신학, 역사, 선교, 실천분야에 이르기까지 다양한 커리큘럼을 제공하여 유능한 교사로 훈련시켜야 한다. 다음에 소개될 것은 3년을 한 단계로 하는 커리큘럼의 예다. 봄학기, 가을학기로 나누어 1년에 2회씩 실시하되 3년 과정을 모두 마치게 되면 능력있는 교사로 바로 설 수 있을 것이다.

교사 훈련, 이렇게 하라

<h2 style="text-align:center">〈3년을 한 단계로 하는 커리큘럼의 예〉</h2>

년차/학기	봄 학 기	가 을 학 기
1	1. 교회의 위기와 도전 2. 신약개론 3. 구약개론 4. 기초교의(1) 5. 심방의 요령과 실제 6. 공과교수법 • 소그룹인도법	1. 한국교회의 역사적 사명과 교회 교육 2. 신약역사 3. 구약역사 4. 기초교의(2) 5. 개인양육의 방법과 실제 6. 어린이상담, 청소년 상담 7. 경배와 찬양(교회학교와 찬양 지도)
2	1. 하나님 나라와 복음전도 2. 모세오경(율법서) 3. 신약 4복음서 4. 바울서신 5. 예배모범과 신앙교육 6. 이단연구(1) 7. 주일학교 활동프로그램 8. 한국교회 선교현황과 우리의 할 일	1. 선교 2세기의 한국교회와 신앙 교육 2. 구약역사서 3. 사도행전 4. 시가서 5. 공동서신 6. 이단연구(2) 7. 교사의 영성관리 8. 효과적인 학급관리 방안
3	1. 이스라엘 가정의 신앙교육 2. 기초교의 (3) 3. 기독교와 역사관 4. 타종교 연구 5. 대선지서 6. 지혜서 7. 주일학교와 절기프로그램 8. 한국교회와 선교명령	1. 최근 서구교회 교회교육의 동향 2. 한국교회 분열의 역사와 교파 성립, 그리고 그 역사적 의의 3. 소선지서 4. 최근 한국교회의 성령운동과 성경적 평가 5. 교사의 경건생활 6. 어린이의 영적 침체와 관리/청소년의 영적 침체와 관리 7. 공산권 선교의 현황과 우리가 도울 일

●
성장하는 주일학교는 이런 교사를 원한다

• 교사 훈련에 대한 교사의 자세

교사 훈련의 의미는 교사가 되는 준비를 갖추는 것이다. 그는 다른 사람들을 가르칠 수 있도록 준비되어야 한다. 우리는 기꺼이 미어즈(H. Mears)와 쇼런드(M. sholund)의 충고를 받아야 한다.

"교사는 배우기를 결코 중단해서는 안된다. 만약 멈춘다면 생각을 멈추는 것이다. 어떤 제안이든 받아들일 태세를 갖추라. 훈련 받을 수 있는 기회를 놓치지 말라. 교사훈련에 참석하라. 연구과정을 밟으라. 교수법을 발전시키기 위한 아이디어를 얻을 수 있는 모임에 참석하라."

교사는 언제 진정으로 가르칠 수 있는가? "배우기 전에는 결코 가르칠 수 없음을 기억하라." 교사들은 늘 공부하여 스스로를 준비해야 한다.

교사가 늘 준비해야 할 내용에 대하여 루드(W. R. Rood)는 다음과 같이 말하였다.

첫째, 학생들을 좋아하도록 준비해야 한다.

둘째, 자신이 가르치고자 하는 내용을 좋아하도록 준비해야 한다.

셋째, 가르치는 일을 좋아하도록 준비해야 한다.

넷째, 자신의 재능을 계속 개발하고 연단하도록 준비해야 한다.

다섯째, 교실에서도 하나님을 사랑할 수 있게 준비해야 한다.

복음주의 교사 훈련 연합에서는 교사들의 개인시간표를 조절하도록 요청하고 있다. "한 주간은 168시간이다. 그 가운데 1시간 이상은 교사 훈련에 할당하라"는 것이다. 당신의 한 주간 가운데 한 시간을 자신을 교사로 준비시키는 시간으로 할당할 용의를 달라고 성령께 구하라.

• 교사 훈련의 동기부여

그러면 어떻게 사람들로 하여금 훈련 과정에 참여하도록 도전을 줄 수 있겠는가? 가장 중요한 것은 교사가 되려는 사람은 누구나 교회의 훈련 과정을 완전히 이수해야 한다는 엄중한 규칙이다.

교사를 모집하는데 문제가 없는 교회일수록 가장 힘든 훈련 과정을 요구한다는 사실이 밝혀졌다.

또한 교사훈련 기획자들은 교사의 출석률을 높이기 위하여 시간을 적절히 조절해야 한다. 교사 희망자는 대부분 주일 예배, 수요예배에 참석하는 사람들이므로, 정규훈련과정의 일부는 주일이나 수요일 저녁에 하도록 정할 수 있다.

작은 교회의 사역자들은 직접 주일학교 교사 지원자들을 훈련시키는 지속적인 프로그램을 마련한다.

당신은 결단해야 한다. 주일학교 책임자라면 적절한 교육훈련을 이수하기 전에는 아무나 교실 안으로 들여보내서는 안된다는 사실을 확고부동한 규칙으로 삼으라. 만일 이 책을 읽는 당신이 주일학교 교사라면 가르침의 준비와 자세를 훈련 받지 않고서는 결코 학생 앞에 서지 않으리라는 각오를 가져야만 한다.

성장하는 주일학교는 이런 교사를 원한다

참고도서

* 교사의 벗, 교회교육 현장백과 2, 말씀과 만남, 1994. pp. 28-32.
* 교사의 벗, 교회교육 현장백과 3, 말씀과 만남, 1994. pp. 194-215.
* 한치호, 주일학교 교사 핸드북, 기독교문서선교회, 1991. p. 42.
* 이선희, 교회학교 교사교육, 나침반, 1994. pp. 19-23.31-37.
* 브루스 윌킨스, 마음을 여는 가르침 상, 정 현 역, 디모데, 1994. pp. 22-25.
* 감리교신학대학 한국선교·교육 연구원, 교회교육 핸드북, 대한기독교출판사, 1977. pp. 46-56, 61-68.
* 오인탁, 정웅섭 공저, 교회 교사교육의 현실과 방향, 대한기독교출판사, 1987. pp. 54-92, 101-183.
* 도날드 그릭스, 교사훈련을 위한 지침서, 김광률 역, 대한예수교장로회출판국, 1989. pp. 150-176.
* 교사의 벗, 교회학교 교사 지침서, 서울서적, 1987. pp. 22-24.
* 엄문용, 교회의 현장교육, 대한기독교출판사, 1985. pp. 14-17.
* 한치호, 어린이 분반사역, 크리스챤 서적, 1991. pp. 113-134.
* 밥 후레갈, 교회학교 핸드북, 강수도 역, 요단출판사, 1983. pp. 43-51.
* 김문철, 교회교육 교사론, 종로서적, 1991. pp. 70-110.

교사 훈련, 이렇게 하라

3장

교사관리를 지혜롭게 하라

"사랑은 관심이다."

— 에리히 프롬

"기도는 환경을 변화시키는 힘을 가지고 있다.
그러나 더욱 중요한 것은 기도하는 사람을 변화시킨다."

— E. M. 바운즈

지속적인 관심과 훈련

교사의 관리는 유지(retain)와 성장(growth)의 양면을 고려해야
한다. 이러한 맥락에서 임명 받은 교사들에게 계속적인 지원 체계를
가동하지 않는다면 주일학교는 심각한 실수를 하고 있는 것이다.
교사들이 일단 가르치는 일을 시작하면 그들에 대하여 잊어 버리기
쉽다.

무엇보다도 중요한 것은 교사는 재충전이 필요하다는 것이다.
그들이 받은 기본적인 훈련만으로는 충분하지 못하며, 전문적인
기술을 발전시켜 나갈 수 있도록 도와주며 그들의 창의성을 촉진
시키는 부차적인 훈련이 필요하다.

교사가 사역을 그만두고 싶을 때

주일학교 사역의 현장에서 임명 받은 그 해를 다하지 못하고
중도에 하차하는 교사나 1년 동안은 감당하나 다음 해의 교사 지원에
자진으로 임명 보류를 요청하는 경우를 종종 목격하게 된다. 교사의
위치에서 그만두고 싶을 때는 언제인가 살피고 이에 대한 방안을
생각하여 보자.

첫째, 어린이로부터 혹은 동료 교사로부터 인정받지 못할 때 교
사는 사의를 표명하게 된다.

둘째, 재능에 따른 직임을 맡지 못했을 때, 능률이 저하되어 열
등감을 느끼게 되며, 부적임자라고 생각될 때 교사는 사의를 표명
하고 싶어한다. 적절한 직책은 중요한 것이다. 그러므로 직책 임명은
신중히 해야 한다.

●

교사관리를 지혜롭게 하라

셋째, 교사의 인기 정도나 특출한 교사가 지나치게 부각될 때, 신입교사나 타 교사는 스스로 무용지물로 생각하게 된다. 이런 점은 서로 주의해야 하겠으나 미처 파악하지 못하는 경우가 있다.

넷째, 부적절한 행정처리를 느낄 때이다. 행정을 전담하는 부서의 실수로 또는 부서장의 편견으로 지나치게 연약한 반이 책망을 받거나 지적이 될 때, 또는 사역의 평가에 대하여 불공평하다고 느낄 때 교사는 자신이 무능하다고 자책하게 된다.

다섯째, 부적절한 시설과 교육환경이다. 신입교사에게는 어린이를 다루는 능력이 부족하므로 이 문제는 중요하다.

교사 격려 방법

교육의 책임자들은 다음과 같은 것들로 교사들을 격려해야 한다.

첫째, 언제라도 그들이 원할 때 이야기를 나눌 수 있도록 대화의 창구가 개방되어야 한다. 사무적인 만남의 자리가 아닌 교사 자신의 마음을 터 놓고 나눌 수 있는 자리여야 한다.

둘째, 교사들에게 전적인 지원을 아끼지 말아야 한다. 주일학교 교육의 성패는 다름 아닌 교사의 마음가짐과 태도 여하에 달려 있다. 교회 차원의 교사 지원을 위한 방안이 마련되어야 한다.

셋째, 교사의 책임을 다할 수 있도록 필요한 도움과 교재들을 제공한다. 교육 자료실을 갖추는 일은 무엇보다도 시급하고 중요한 일이다. 교사들이 말씀을 연구하고 공과를 연구하며 활동자료들을 준비할 수 있는 자료 및 기자재가 구비되어야 한다. 아무리 작은 교회라도 공과 교재는 우선 순위를 차지하여야 한다. 아이들이든 어른들이든 모두 세련된 방법과 교재에 익숙해져 있다. 재정적인 부담감이 없지는 않으나 차세대의 중요성을 인식하고 투자하며 준비해야만 한다.

넷째, 교사 준비교육과 지속 교육 과정을 마련한다. 이미 전술한 교사훈련 과정을 효율적으로 운영하고 상설 교사교육 체계를 운영하는 것이 바람직하다. 개교회 차원의 상설 교육이 어렵다면 인근 교회와의 협력이나 주일학교 연합회 차원의 교육기구를 활용할 수 있다.

교회의 자체 교육 및 단계적 교육을 이수한 교사들은 다음 단계의 교육목표를 주어야 한다. 그렇지 않으면 영적 불만이 곧 노출될 것이다. 예컨대 전문기관에서 실시하는 교사교육 모임에 참석시킬 수 있다. 그렇게 되면 사명감이 계속 증진될 것이다. 필요한 경비는 교회가 부담하여 그들에 대한 관심을 표현할 수 있다.

다섯째, 교육의 책임자들은 교사들과의 인격적인 관계 및 격려, 칭찬을 아끼지 말아야 한다. 이미 행한 훈련과정으로 교사교육이 됐다고 생각하는 것은 잘못이다. 이미 언급한 훈련보다도 더 중요한 것들이 있다. 그것은 교육책임자가 교사훈련 후 그들이 계속적으로 잘 가르칠 수 있도록 격려하고 관리하며 상담하는 일이다. 공식적인 교육도 중요하지만 그들과의 개인적인 만남이 무엇보다 중요하다. 교육책임자는 교사들과 인격적인 관계를 맺어야 하고 아울러 그들의 신상에 대하여 자세히 알고 있어야 한다. 그리고 때때로 관심을 표출해야 한다. 에리히 프롬은 "사랑은 관심이다"(Love is concern)라고 했다. 교육책임자는 계속적인 관심을 가지고 교사들에게 전화하고, 서신을 보내고 심방하여 그들이 사명의식을 잃지 않도록 해야 한다. 그리고 교사의 애경사에 동참하여 함께 나누어야 하고 우수한 교사를 격려할 수 있는 방안을 찾아야 한다.

교사관리를 지혜롭게 하라

여섯째, 영적인 지원이 가능한 프로그램들을 개발한다. 정기적인 기도회는 하나의 방안이 될 수 있다. "기도는 환경을 변화시키는 힘을 가지고 있다. 그러나 더욱 중요한 것은 기도하는 사람을 변화시킨다." 이것은 유명한 기도의 사람 E.M. 바운즈의 말이다. 기도할 때에 그는 사역에 관심을 가지게 되고 스스로 변화하게 된다. 기도하는 교회나 교사는 성령님이 붙들어 관리해 주신다.

또 다른 하나의 방안은 주일학교 부흥에 주력하는 것이다. 부흥 방안을 검토하여 부흥에 주력하면 교사는 긍지와 보람을 느끼게 된다. 이점에서 총력 출석주일, 각반 목표달성주일, 어린이 다락방, 학교앞 전도프로그램 등은 질적 성장과 양적 성장을 가져오게 될 것이다.

교사의 유지 방안

이미 전술한 부분에서 다루지 못한 부분만을 다루고 마치려 한다.

첫째, 열심 있는 교사의 영적 성숙을 위해 노력한다. 신입교사의 태도는 열심 있는 선임교사들의 영향을 받는다. 그러므로 열심있는 성숙한 교사들의 태도는 매우 중요하다. 그들의 모든 모습은 교역자의 권유보다도 훨씬 더 설득력을 가지게 된다는 사실을 기억해야 한다.

둘째, 다른 교회의 교사와 교류케 한다. 본 교회에서 열심이 없던 자들도 교사끼리 모이면 서로 영향을 주어 자기에게 부족한 점을 발견하게 된다. 오랫동안 함께 하던 교사에게서 느낄 수 없던 점들을 느끼게 되어 열심이 생기게 된다. 이런 점에서 교사대회 또는 교사연합회 활동, 타 교회 탐방이 의미를 가지게 될 것이다.

성장하는 주일학교는 이런 교사를 원한다

셋째, 통신 프로그램을 통하여 교사의 관심이 주일학교에 머물도록 해야 한다. 교회 자체의 프로그램이나 상급 기관이 가진 것을 활용하는 것도 가능하다. 이슬비 전도편지를 활용하는 것도 하나의 방안이다.

넷째, 교사들 사이에 소그룹을 활성화 한다. "○학년 교사회", "부서별 모임", "○○회 교사대학 동기회" 등등의 모임을 진행하여 서로 사명감을 고취시킨다.

다섯째, 교사 능력제를 실시한다. 학생이 많다는 이유로 분반을 하기 보다는 한 교사가 자기의 능력껏 반을 늘려가며 담임을 하게 한다. 실제로 부산 서부교회의 경우는 한 교사가 100명 이상의 어린이를 관리한다. 동시에 타 교사들에게는 목표를 가지게 하며 선의의 경쟁을 가져오게 한다.

여섯째, 교사의 관리체계를 검토한다. 교사는 정교사, 보조교사, 대체교사, 교사보조원으로 나눈다. 정교사는 가장 중요한 위치에 있다. 교사라기보다는 반의 목회자라는 사명의식이 요구된다. 보조교사는 정교사를 보조해서 뒤에서 도와주는 자이다. 그는 정교사에게 교육 받고 있는 중이며, 가능하면 자주 자신이 원하는 학년 교실을 참관해 본 사람이어야 한다. 보조교사는 매주 수업을 가르치지 않는다 하여도 그 주에 공부할 내용을 항상 준비해 두어야 한다. 대체교사는 정교사 또는 보조교사가 가르칠 형편이 안되는 불가피한 상황에서만 가르치게 된다. 주일학교 특별한 집회 또는 봄, 여름, 겨울성경학교 등에서 가르치게 된다. 교사 보조원은 수업을 가르치거나 준비하지는 않지만 교실 안에서 실제적인 활동들을 도와준다. 그들은 피아노에 재능이 있거나 행정 처리에 능한 사람, 특별한 재능이 있어서 특활반을 맡은 사람 등이다.

교사관리를 지혜롭게 하라

참고도서

- 엄문용, 교육 상담 가이드, 한국문서선교회, 1986. pp. 190-191.
- 교사의 벗, 교회교육 현장백과 3, 말씀과 만남, 1994. pp. 209-210.
- 브루스 윌킨스, 마음을 여는 가르침 상, 정 현 역, 디모데, 1994. pp. 23-28.
- 엄문용, 교회의 현장교육, 대한기독교출판사, 1985. pp. 16-17.
- 밥 후레갈, 교회학교 핸드북, 강수도 역, 요단출판사, 1983. pp. 41-42.

성장하는 주일학교는 이런 교사를 원한다

4장

교사, 그는 누구인가?

"교사는 양떼를 먹이고 그들의 영혼을 돌보기 위해 임명된
하나님의 목자이다."

— 지글러

교사라는 말의 성경적 의미

가르치는 자가 교사가 무엇인지 잘 아는 것은 대단히 중요한 일이다. 교사라는 말은 헬라어로 '디다스칼로스'인데, 이는 가르치는 교사라는 의미이며, 고린도전서 12 : 28에 하나님께서 주시는 은사로 나타나고 있다.

마태복음 28 : 20에 예수께서 말씀하시기를 "내가 너희에게 분부한 모든 것을 가르쳐 지키게 하라"고 하셨다. '가르치다'의 우리말 어원은 '가르다'이다. 즉 착함과 악함, 옳은 것과 옳지 못함, 아름다운 것과 추한 것, 진리와 비진리 그리고 빛과 어두움 등 상대적인 가치를 분별할 수 있도록 길러 주는 것이다. 그리고 '배우다'의 어원은 '배어들게 하다', '나누다', '분별하다'이다.

교사라는 의미를 성경적인 의미로 생각해보면, 그것은 지식을 나열하거나, 지시하거나, 지도하는 것을 우선적으로 말하지 않는다. 무엇보다도 교사라는 말 속에는 "모범적인 삶으로 인도한다"는 의미가 강하다.

근원적 교사 : 하나님

성경은 모든 지식이 하나님으로부터 온다고 말씀하고 있으며, 교육이란 하나님의 계시를 이해하는 것이라고 설명해 주고 있다. 그러므로 하나님은 이스라엘의 근원적인 지식이었다. 이사야 30 : 20에 하나님은 "교사"라고 불렸다. 시편 78 : 1에 "내 백성이여, 내 교훈을 들으며 내 입의 말에 귀를 기울일지어다"라고 백성에게 명령하고 있다. 그는 누구로부터 배울 수 있는 분이 아니다(요 21 : 22,

교사, 그는 누구인가?

사 40 : 13). 다만 그로부터 우리가 배우고 따를 뿐이다.

특별히 하나님은 자신의 가르침을 율법과 역사를 통해 주셨다(시 119 : 27). 하나님께서 그의 백성을 가르치는 방법은 철저한 훈련(신 8 : 3, 5)이었다. 하나님의 가르침에서 자신은 원형적(Prototype)인 교사로 남고 모세와 제사장들을 통해 백성들을 가르쳤다(신 4 : 1, 5). 그래서 모세는 신명기 4 : 9에 백성들에게 후세대를 가르치라고 명령하였다.

이스라엘에게 하나님은 이처럼 지식과 계시의 근원이며 교사의 원형이다. 이처럼 하나님은 모든 교육의 근원이시므로 그의 선지자들에게 자신의 지식을 전달하도록 영감을 주셨고(출 35 : 31-35), 교육이 이스라엘의 지도자들에게 가장 큰 의무중 하나로 명령되었다 (신 6 : 6-8, 24 : 8, 렘 32 : 33, 행 22 : 3).

첫번째 교사 : 부모

부모들에게는 율법의 계명과 규례와 역사를 자녀들에게 가르치도록 명령이 주어졌다(출 12 : 26, 27 ; 신 4 : 9-16). 이에 대하여 이스라엘 백성들은 가르치는 일을 하나님의 뜻을 실행하는 일 다음으로 생의 활동 중에서 가장 중요한 활동으로 고려하였다. 토라는 일반적으로 '율법'이라 번역되지만 실제적 의미는 '가르침'이라 할 수 있다.

가정은 하나님께서 자기 백성을 가르치는 기본적인 장소였다. 자녀를 하나님이 주신 가장 귀한 선물로 인식하였기 때문에(욥 5 : 25) 부모는 하나님의 선물인 자녀를 가르쳐야 한다는 책임의식을 강하게 느꼈다. 그리하여 부모는 그 자녀를 양육하는 제1차적인 교사가 되었다.

　이스라엘 부모들은 아이가 매우 어릴 때부터 교육을 시작했다. 일반적으로 히브리 사회에서 아버지는 그의 자녀들에게 하나님의 말씀을 소중히 여기도록 가르쳤으며, 그 말씀을 자기 자녀들의 마음속에 간직하도록 하는 책임이 주어졌던 유일한 교사로 간주되었다. 그러나 B.C 3~4세기에는 어머니도 이러한 책임을 나누어 감당하였다(잠 1 : 8, 31 : 1).

　자녀들은 그 가족으로부터 완전한 가르침을 받았고, 이런 가정의 교육적 기능은 이스라엘 사회의 핵심적 역할을 담당했다. 가정에서의 교육과정은 이중적인 면이 있는데 첫째는 부모들이 이스라엘 역사 속에서 하나님의 활동에 관한 이야기를 들려 주는 것이다(시 78 : 11~14). 그래서 어느 세대든지 전능하신 하나님께서 자기 백성들의 삶 가운데 어떻게 개입하셨는지를 알게 되고 신앙하게 되었다.

　두 번째로는 부모들이 율법의 뜻을 이해하게 되는 통로가 되는 역할이다. 신명기 6 : 4 이하의 쉐마(이스라엘아 들으라)는 이러한 부모의 책임을 보다 명백하게 제시해 주고 있다.

　"이스라엘아 들으라. 우리 하나님 여호와는 오직 하나인 여호와시니 너는 마음을 다하고 성품을 다하고 힘을 다하여 네 하나님 여호와를 사랑하라. 오늘날 내가 네게 명하는 이 말씀을 너는 마음에 새기고 네 자녀에게 부지런히 가르치며 집에 앉았을 때에든지 길에 행할 때에든지 누웠을 때에든지 일어날 때에든지 이 말씀을 강론할 것이며 너는 또 그것을 네 손목에 매어 기호를 삼으며 네 미간에 붙여 표를 삼고 또 네 집 문설주와 바깥 문에 기록할지니라"(신 6 : 4-9).

　이스라엘의 자녀들은 어려서 부모로부터 철저한 신앙의 교육속에

자라왔다. 고대 유대인의 사회 속에는 특별한 교사 칭호가 없다. 그 이유는 그들의 교육의 장소가 가정이고 그들의 교사가 부모이기 때문이다. 구약시대의 부모는 자녀를 낳고 돌보는 것 외에 신앙교육의 신령한 의무를 함께 지고 있었다.

주일학교 모든 교사들은 바울 사도가 고린도교회에 편지하면서 권면한 사실에 귀를 기울여야 한다.

"내가 너희를 부끄럽게 하려고 이것을 쓰는 것이 아니라 오직 너희를 내 사랑하는 자녀같이 권하려 하는 것이라. 그리스도 안에서 일만 스승이 있으되 아비는 많지 아니하니 그리스도 예수 안에서 복음으로써 내가 너희를 낳았음이라. 그러므로 내가 너희에게 권하노니 너희는 나를 본받는 자 되라"(고전 4 : 14~16).

임명된 교사 : 제사장

구약에서 제사장들은 레위지파 출신의 남자들이었고 병역의 의무가 면제되었으며 경작할 토지가 분배되지 않았다. 그들의 생계는 십일조에 의하여 유지되었으며, 율법의 운영에 전체 시간을 소요하였다.

백성들은 제사장들의 신적 권위를 인정하면서 그의 가르침에 따랐으며 그들은 민족의 지도자가 되었다.

모세는 그 소임이 끝날 무렵 이스라엘 백성들이 약속된 땅을 차지하기 위하여 가기 직전에 제사장 임무의 중요성을 강조했다. 신명기 31 : 9-13에 제사장들의 교육적 책임과 사역이 나타난다.

"모세가 이 율법을 써서 여호와의 언약궤를 메는 레위 자손 제사장들과 이스라엘 모든 장로에게 주고 그들에게 명하여 이르기를

●

매 칠 년 끝 해, 곧 정기 면제년의 초막절에 온 이스라엘이 네 하나님 여호와 앞 그 택하신 곳에 모일 때에 이 율법을 낭독하여 온 이스라엘로 듣게 할지니 곧 백성의 남녀와 유치와 네 성안에 우거하는 타국인을 모으고 그들로 듣고 배우고 네 하나님 여호와를 경외하며 이 율법의 모든 말씀을 지켜 행하게 하고 또 너희가 요단을 건너가서 얻을 땅에 거할 동안에 이 말씀을 알지 못하는 그들의 자녀로 듣고 네 하나님 여호와 경외하기를 배우게 할지니라."

그 밖에도 신명기 33 : 8-10에 제사장들의 다양한 의무들 가운데 특별히 "주의 법도를 야곱에게, 주의 율법을 이스라엘에게 가르치며" 라고 한 말을 볼 때 제사장들의 교육적 사명을 발견하게 된다.

제사장과 레위인들이 이렇게 교사의 직분을 담당하는 것은 포로후 시대까지 계속되었다. 여호사밧 통치기간 동안(849-837 B.C.) 제사장들과 레위인들은 순회교사가 되었고, 2세기 후 요시아의 통치 하에서도 그들은 교사의 직무를 행했다. 느헤미야 8 : 5-9은 바벨론으로부터 귀환한 후에도 계속해서 교사로 간주되었음을 볼 수 있다. 이후에 제사장들이 대거 정치에 가담하거나 생존에 관계된 일에 종사함으로 교육의 직무는 서기관들에게 전적으로 넘어갔다.

비록 중간시대에 제사장들이 율법의 지도에 소홀했으나 성경시대에 그들은 성전봉사와 율법교육을 제1의 사명으로 여겨왔다.

소명적 교사 : 선지자

선지자는 이스라엘 사람들에게 하나님의 뜻을 가르치는 영감받은 교사로 이해되었다. 제사장들과 레위인들이 성전 예배활동과 관련하여 주로 교육자로서 봉사하였다면, 선지자들은 지역을 순회하며

교사, 그는 누구인가?

사회의 정의나 평화와 같은 주제를 강조하면서 백성을 가르쳤다.

구약시대는 이미 선지자들이 그들의 제자를 체계적으로 가르치던 "선지자 학교"가 실제로 있었다. 이 "선지자 학교"는 이스라엘 전국에 산재해 있었으며 특히 엘리야와 엘리사 시대에 왕성하였다 (왕하 2 : 3-5, 4 : 38, 6 : 1). 초기 선지자 학교는 사무엘 시대에 존재하였다. 이곳에서 제자들은 필요한 지식과 기술을 배웠음을 추측할 수 있다. 칼빈은 선지자를 율법의 안내자 및 해설자요 미래의 사건을 예언하는 자로 그 역할을 이해하였다.

선지자들은 하나님께서 직접 세우셨다. 그러므로 그들은 직업이 아니라 신적인 소명감에서 사역을 수행하였다. 구약에서 선지자를 결정짓는 특징은 하나님의 소명의식이었다. 모세(출 3 : 1~12), 이사야(사 6 : 14), 예레미야(렘 2 : 1~2), 에스겔(겔 28 : 1), 미가 (미 1 : 1), 스바냐(습 1 : 1), 학개(학 1 : 1), 스가랴(슥 1 : 1) 등은 모두 "여호와의 부름"과 "여호와의 말씀"이 그들의 직분의 시작이었다. 하나님은 선지자들을 개인적으로 선택하셨고 그가 원하는 백성에게 줄 메시지를 위탁하셨다.

선지자들의 교육은 하나님 중심의 교육으로 매우 고차원적인 교육이었다. 그들의 메시지는 과거에 계시된 하나님의 말씀에 근거하였고 그들의 가르침은 특히 모세의 율법에 근거하였다. 그러나 그들의 가르침은 율법의 의식이나 외형적 형식보다는 하나님에 대한 영적 예배에 중점을 두었다.

그들은 스스로가 일을 시작한 사람이 아니고 보냄을 받은 사람이었으며, 스스로 창작한 것이 아니라 하나님을 대신하여 대언하였다.

특별히 선지자의 직무는 제사장과 같이 모세에게 기원을 둔다

성장하는 주일학교는 이런 교사를 원한다

(신 18 : 15, 34 : 10, 호 12 : 13). 모세도 하나님과 대면하여 이야기한 탁월한 선지자로 여겨왔다. 그래서 선지자는 항상 율법을 그 시대에 적용하도록 의미를 전달하는 것이었다(사 1 : 10, 8 : 16, 슥 7 : 12). 이처럼 선지자는 미래를 예언하는 것보다 하나님의 율법을 해석하고 그 시대에 적용하며, 그 영적 의미를 가르치는 것을 그 사명으로 하였다.

참된 교사 : 예수님

예수님은 진정한 교육자이시며 교육을 하려고 오신 교사였다. 그 증거를 성경에서 살펴보자.

첫째, 복음서 기자들은 예수님에 대하여 선생이라는 호칭을 여러 차례 사용하였다. 예를 들면 마태복음 8 : 19에 한 서기관이 예수님을 부를 때 "선생님이시여…" 하고 불렀으며, 마가복음 5 : 35에서 회당장이 자기 딸을 고쳐 달라고 할 때에도 예수님을 "선생님"이라고 불렀다. 누가복음 7 : 40에 보면 예수님께서 베드로를 불러 말씀하려 할 때 시몬의 대답이 "선생님 말씀하소서"였다. 요한복음 1 : 38에서도 요한의 두 제자가 예수님을 보고 "랍비"(선생님)라고 불렀던 모습을 볼 수 있다. 이 밖에도 예수님을 "선생님"이라고 부른 경우를 여러 곳에서 찾아 볼 수 있다.

예수님은 스스로 말씀하시기를 "나는 선생이다"(요 13 : 13)라고 하셨다. 키텔(Kittel)의 신약 신학 사전은 예수님 자신이 직접 선생이라는 용어를 29번 사용했다고 밝히고 있다.

예수님의 제자들은 복음서 전체에서 예수님을 계속 선생님이라고 불렀고 예수님은 선생의 입장에서 제자들을 가르치고 훈련하셨다.

예수님은 그의 사역을 행하시는데 두 가지 큰 수단으로 기적과 교육을 사용하셨다. 그러나 그 둘 가운데 교육이 훨씬 더 중요하였다. 그뿐 아니라 예수님은 설교하시는 사역보다 가르치는 교사의 사역에 더욱 중점을 두고 공생애를 사셨다.

예수님을 따르는 많은 무리들과 추종자들도 예수님을 선생이라고 불렀다. 니고데모와 같은 관원들도 예수님을 "하나님께로 오신 선생"으로 불렀고(요 3 : 2), 심지어 예수님을 반대했던 바리새인, 서기관, 사두개인, 율법사, 헤롯당원들까지도 예수님을 선생님으로 호칭하였다(마 8 : 19, 22 : 16).

키텔은 신약성경에 다른 사람이 예수님을 선생이라고 부른 것이 58회 사용되었고, 복음서에만 48회 사용되었는데 그 가운데 41회는 예수님께 붙여진 명칭이라고 분류했다.

선생의 또다른 명칭으로는 랍비(ραββι) 혹은 랍오니(ραβουνι)라는 이름으로 14회 사용되었다. 본래 "나의 위대한 분"을 의미하는 아람어인 랍비는 유대인의 율법교사를 일컫는 존칭어였다. 당시 랍비는 서기관과 다른 권세를 지닌 사람에 대한 존칭이기도 하였다.

이처럼 예수님은 분명히 당시 유대사회에서 선생님으로 인정되었음에 틀림없다.

"예수께서 이 말씀을 마치시매 무리들이 그 가르치심에 놀래니 이는 그 가르치시는 것이 권세 있는 자와 같고 저희 서기관들과 같지 아니함일러라"(마 7 : 28, 29).

둘째, 공관복음 기자들은 동일하게 예수님의 전도활동이 갈릴리 회당에서부터 시작되었음을 기록하고 있다.

예수님은 유대인의 풍속과 습관대로 회당에서 성경을 가르치셨다(그 당시의 회당은 백성의 학교로서 유대인들에게는 중요한 교육

성장하는 주일학교는 이런 교사를 원한다

기관이었다). 복음서의 기자들은 예수님의 첫출발부터 교육활동을 전개하시는 교사의 모습을 기록하고 있다. 더욱 명확한 증거는 산상보훈에서 발견된다.

"예수께서 무리를 보시고 산에 올라가 앉으시니 제자들이 나아온지라. 입을 열어 가르쳐 가라사대"(마 5 : 1-2).

여기 사용된 "가르쳤다"는 헬라어는 에디다스코($\varepsilon\delta\iota\delta\alpha\sigma\kappa\omega$) 로 표현되었는데 이것은 디다스코($\delta\iota\delta\alpha\sigma\kappa\omega$)의 미완료형이다(헬라어의 미완료형의 시제는 과거의 반복적이고 계속적이며 관습적인 행동을 나타내는 시제이다). 그러므로 이 구절의 정확한 번역은 "이것은 예수께서 그들에게 종종 가르치곤 한 말씀이다"라고 바클리는 주장한다. 이러한 표현은 예수님께서 교사로서 활동하고 있음을 보여준다. 이처럼 예수님께서 교사로서 호칭되었고 교사로서 활동하였음을 알 수 있다.

교사에 대한 신학적 근거

고린도전서 12장 28절에 나타난 교사 이해

"하나님이 교회 중에 몇을 세우셨으니 첫째는 사도요, 둘째는 선지자요, 세째는 교사요…"(고전 12 : 28).

교회의 시작은 그 자체 안에 있는 어떤 힘과 동기에서 보다는 예수 그리스도의 십자가와 부활 사건에 의한 것이다. 교회의 근거가 예수 그리스도의 사건이었으므로 교회는 예수 그리스도의 말씀과 삶에 의하여 형성되어진 신앙의 공동체라고 할 수 있다.

교회는 처음부터 다양한 직능과 은사를 통하여 하나의 주이신 예수 그리스도를 고백한 신앙인들의 공동체이다. 교회는 예수 그리스도를

교사, 그는 누구인가?

주로 고백하는 예배(Worship), 그 행위와 깊이 관계되면서도 제자와 초신자를 가르치는 교육적 행위(Didache)라는 두 기능을 수행해야 했다.

예수님의 증인된 사명(마 28 : 19-20, 행 1 : 8)을 이루는 데 가장 중요한 매개는 설교와 가르침이었다. 설교와 함께 선교를 위한 복음 선포의 다른 매개는 교육이었는데 초대교회의 교육은 주로 사도, 예언자(선지자), 교사에 의해서 수행되어졌다. 이중 '디다스칼로스'라는 교사는 하나님에 의해 임명된 영적 지도자로 널리 알려져 있다.

교사의 직무는 제1급에 속한다. 교사들은 일정한 영역, 즉 교회라는 테두리를 가지고서 한정된 범위 안에서 활동하였다. 종교 개혁자 칼빈은 "교사들은 복음을 온 세상에 전하라는 사명(사도의 직무)을 1차적으로 받은 것이 아니라, 그의 책임은 맡겨진 교회를 돌보는 데 있기 때문에 교사의 직무는 1급에 속하며 사도들의 직무는 2급에 속한다"고 했다.

더 나아가서 교사들의 임무는 신앙의 순수성이 교회에서 보존되도록 건전한 교리(sana dogmatai vocatio)를 전하도록 봉사하고, 헌신하는 직무이다. 그렇기 때문에 가르친다는 것은 세기를 통하여 기독교 교사직의 가장 보편적이고 보람있는 것으로 인식되어 왔다.

데살로니가전서 2장에 나타난 교사로서의 바울

바울은 데살로니가 교회를 설립하면서 그곳 유대인들에 의하여 심각한 생명의 위협에 직면하였다. 그러나 데살로니가 교회에 대한 교사로서의 바울의 애정을 가로막을 수 없었다. 다음은 교사로서의 심정을 표현한 것이다.

성장하는 주일학교는 이런 교사를 원한다

하나님의 마음을 기쁘시게 하는 교사(4절).

그는 교사로서, 복음 전파자로서 고난과 능욕 그리고 온갖 수고를 극복하였던 근본적인 동기를 '하나님을 기쁘시게 하려는 신앙'에 있음을 직시하고 있다. 그는 교사로서의 출발은 사람이나 학생들의 기호나 요구에 영합함에 있지 않고 하나님을 기쁘시게 하는 데 있음을 강조하였다. 하나님을 참 기쁘시게 하는 것은 자신의 사고와 삶의 원리를 하나님에게 초점을 맞추는 것이다. 하나님을 경외하고 하나님을 갈급해 하며 하나님의 사랑의 강권하심을 아는 일에 노력을 다해야 한다.

하나님은 자신의 일꾼을 찾으실 때 하나님의 마음에 합한 자를 찾으신다. "또한 저희가 마음에 하나님 두기를 싫어하매 하나님께서 저희를 그 상실한 마음대로 내어 버려두사 합당치 못한 일을 하게 하셨으니"(롬 1 : 28). 그리고 "내가 또 내 마음에 합하는 목자를 너희에게 주리니 그들이 지식과 명철로 너희를 양육하리라"(렘 3 : 15)고 말씀하셨다. 당신은 진정으로 하나님을 기쁘시게 하기 위해서 노력하는 교사인가 ?

유모로서의 교사(7-8절).

바울은 교사로서의 자신을 데살로니가 교인들의 영적 유모로 표현한다. 이러한 '유모'라는 표현은 뒤이어 나오는 '사모하여', '목숨까지 너희에게 주기를', '우리의 사랑하는 자'와 깊은 관련을 맺고 있다. 여기서의 유모란 의미는 그저 젖만 먹이는 '차용적 의미' 가 아니라, 목숨을 나누는 사랑의 교감관계인 것이다. 교사는 학생들을 일주일에 한 번 만나는 사람이 아니라 끼니마다 만나야

교사, 그는 누구인가 ?

할 유모와 같은 존재여야 한다.

아비의 심정을 가진 교사(11절).

바울은 유모로서의 교사를 강조하면서 동시에 아비의 심정을 가진 교사이어야 할 것을 말한다. 아비의 심정을 가진 교사의 일은 무엇인가? 그것은 권면하고, 위로하고, 경계하는 일이다. 권면이란 자녀가 무지할 때 곁으로 불러 가르치는 것을 의미한다. 위로는 곁으로 다가가서 부드러운 말로 격려하는 것이며, 경계는 자녀가 그릇될 때 바른 것을 증거하는 것이다. 아비의 심정을 가진 교사로 한 영혼을 돌아보는 교사가 되어야 한다.

학생을 자신의 기쁨, 소망, 면류관으로 보는 교사.

바울은 자신을 배척했던 데살로니가인들을 바라보며 "너희는 우리의 영광이요 기쁨이니라"(20절)고 고백한다. 교사로서 자신을 아프게 한 그들 속에서 자기가 얻게 될 영광과 기쁨의 근원을 발견하였던 것이다. 베뢰아 사람보다 신사적이지는 않았지만 교사인 바울의 눈에 데살로니가인들은 너무나도 소중한 존재로 파악되고 있다. 학생들을 장차 하나님 앞에서 받게 될 미래의 면류관과 영광으로 바라보는 바울의 시각이 교사에게 요구된다. 사람에게는 단점이 있지만 장점도 있다. 교사는 그것을 감지하고 학생이 깨닫고 계발하도록 도와야 한다.

반의 목회자로서의 교사

에베소서 4 : 11에 보면 주님은 목사와 교사라는 직책을 동시에 사용하셨다. 에베소서 본문의 문법적 용례는 교사와 목사의 역순도

성장하는 주일학교는 이런 교사를 원한다

가능하다는 사실을 배제하지 않는다. 따라서 교사는 목사, 아니 여기서는 '목자'라고 파악하는 것이 좋을 것이다. 목회자라는 이름이 꼭 교회를 담임하는 목사(Reverend)만을 지칭하는 것은 아니다. 양무리를 치는 사역을 하는 사람, 곧 목자가 양을 치듯이 돌보는 사역(Shepherding)을 목회라고 할 수 있으며, 이를 수행하는 사람을 목회자라고 하겠다. 주일학교에 부름 받은 교사는 삼위 하나님의 부르심에 의하여 세움 받은 목자이다. 맡겨진 양무리의 수로 보아서는 목회자와 주일학교 교사 사이에 비교할 수 없지만, 그 일의 질적인 관계에서 볼 때에 목회자와 교사는 구분되지 않는다.

역사적으로 종교 개혁자 마틴 루터가 부모를 가리켜 하나님이 세우신 '가정의 목자'라고 부른 사실이 있다. 그것은 부모의 책임이 자녀의 육신적인 필요를 돌보는 것만 아니라 자녀의 영적인 필요를 채우는 책임을 강조하면서 자녀의 신앙교육 책임을 역설한 것이다.

우리가 루터의 이러한 이해를 전제할 때 주일학교에 부름 받은 교사는 단순한 직분으로서의 교사가 아니라 맡겨진 반의 목자라는 인식을 갖는 것이 중요하다.

목자의 역할

요한복음 10 : 1-18, 25-31에서 "선한 목자가 되시는 예수님"을 볼 수 있다. 예수님께서는 자신을 가리켜 '선한 목자'라고 하셨다. '선한'이라는 낱말 속에는 '도덕적으로 선량하다(착하다)'는 뜻과 함께 '완전한 능력을 지니고 있어 그 능력이 아름답다'고 하는 뜻이 들어 있다. 선한 목자는 어떤 특징을 갖고 있는가?

첫째, 선한 목자는 그 양을 잘 알고 양도 그를 잘 안다(14, 15, 17). 사람은 상대방에 대하여 가장 깊은 관심과 깊은 교제를 가짐

교사, 그는 누구인가?

으로써 그를 더 깊이 알게 된다. 목자 되신 그리스도는 양을 위하여 목숨을 버리는 사랑과 관심을 가짐으로써 양을 대하시며 그의 양들을 아신다. 목자는 양의 이름을 일일이 부른다. 그리고 양은 그 소리를 듣고 행동한다. 목자가 양의 이름을 부르는 것은 양에 대하여 모든 것을 알고 특별한 관심을 갖고 있다는 징표이다.

둘째, 선한 목자는 양을 위하여 목숨을 버린다(11, 15, 17, 18). 훌륭한 목자는 자기 양떼가 맹수의 습격을 받을 때 양들을 버리고 도망을 하는 것이 아니라 과감하게 나서서 맹수를 공격하고 뒤를 쫓아가 잃은 양을 도로 찾아온다. 사무엘상 17 : 34, 35에 선한 목자로 일한 다윗의 고백이 나온다. "다윗이 사울에게 고하되 주의 종이 아비의 양을 지킬 때에 사자나 곰이 와서 양떼에서 새끼를 움키면 내가 따라가서 그것을 치고 그 입에서 새끼를 건져 내었고 그것이 일어나 나를 해하고자 하면 내가 그 수염을 잡고 그것을 쳐 죽였나이다."

그리고 더욱 훌륭한 일은 이러한 일이 발생되기 이전에 지혜를 다하여 맹수의 침략을 대비하는 일이다. 예수님은 양들을 위하여 자기 목숨까지 희생하시는 분이다. 여기서 우리는 주일학교 교사의 모습을 본다. 주일학교 교사는 예수님을 닮아 선한 목자의 모습을 가져야 한다. 그는 선한 목자이어야 한다. 목자는 양을 인도하는 사람이요, 선하다는 것은 양을 위해서라면 희생할 수 있는 것을 의미한다. 목자로서의 교사인 우리는 한 생명을 위하여 희생을 무릅쓰고 도와야 할 사람이다.

지글러(Franklin M. Segler)의 말처럼 교사는 "양떼를 먹이고 그들의 영혼을 돌보기 위해 임명된 하나님의 목자"인 것이다. 담임 목사가 교회를 목회하듯이 교사는 맡은 자신의 반을 목회하는 자이다.

성장하는 주일학교는 이런 교사를 원한다

반목회의 대상과 방법

에베소서 4 : 7은 "각 사람에게 은혜의 선물을 주셨다"고 하였다.

첫째, 예수님은 자기 백성을 잘 아실 뿐만 아니라 그들에게 필요한 역할도 맡긴신다. 교회에 속한 사람은 누구나 주님의 명령을 감당해야 한다. 교회에 속한 사람은 누구나 사명을 받아야 한다. 따라서 자기에게 주어진 사명이 무엇인지를 숙고하고 잘 분변하여 시작해야 하며 나아가 주어진 것에 대해서는 확신을 가지고 성실하게 봉사해야 한다.

둘째, 우리에게 주어진 사명은 우리의 자질 때문이 아니라 하나님의 필요에 의한 것이다. "은혜의 선물"은 교사의 사명을 수행함에 있어서 하나님이 주도권을 가지셔야 함을 보여준다. 교사는 은혜를 입은 만큼 "섬기는 일"에 최선을 다해야 한다.

주일학교 교사란 참 교사이신 예수 그리스도를 통하여 그의 가르침 — 용서와 구원과 하나님의 사랑 — 의 기쁜 소식을 깨닫고 이 기쁜 소식에 응답하였을 뿐 아니라 이 기쁜 소식을 전하는 자로 부름을 받은 자이다. 따라서 교사는 예수님께서 분부하신 "모든 족속을 제자로 삼아…… 너희에게 분부한 모든 것을 가르쳐 지키게 하라"는 교육적 소명을 받아들인 자이다. 주일학교 교사는 하나님이 세우신 사명자이다. 참 교사이신 예수 그리스도의 가르침을 심부름하여 섬기는 자이다. 그리고 봉사자이다.

오늘날 주일학교의 학생들은 그들을 지도해 주고 치료해 주며 돌보아 줄 영적인 양육자와 목자를 찾고 있다. 그러므로 교사는 자신을 인식할 때 주님의 사랑에 부탁을 받은 교사, 반의 목자로서의 교사라는 사실을 기억해야 한다.

교사, 그는 누구인가 ?

참고도서

- 여의도순복음교회편, 교사대학 교재, 서울서적, 1984. pp. 135－136.
- 챨스 R. 포스터, 교회학교 교사의 사명, 장신대 기독교 교육연구원 역, 성지출판사, 1994. pp. 103－115.
- 교사의 벗, 교회교육 현장백과 1, 말씀과 만남, 1994. pp. 78－97.
- 교사의 벗, 교회교육 현장백과 3, 말씀과 만남, 1994. pp. 195－196.
- 한치호, 주일학교 신입반 운영 핸드북, 파이디온 선교회, 1992. pp. 26－27
- 한치호, 교사 핸드북 1, 기민사, 1993. pp. 26－28; p. 79.
- 이선희, 교회학교 교사교육, 나침반, 1994. p. 41.
- 한치호, 꼼꼼한 교사, 기민사, 1992. pp. 20－21, 44－46.
- 교사의 벗, 교회교육 현장백과 1, 말씀과 만남, 1994. pp. 54－58.
- 교사의 벗, 교회학교 교사 지침서, 서울서적, 1987. pp. 24－27, 167－168.
- 손종국, 청소년 지도, 예루살렘, 1993. pp. 100－101.
- 한치호, 어린이 분반사역, 크리스챤 서적, 1991. pp. 35－49.
- 원준자, 효과적인 반목회, 파이디온 선교회, 1991. pp. 23－25.

성장하는 주일학교는 이런 교사를 원한다

5장

주일학교 교사는 부르심을 받는다

"평신도도 목사처럼 그리스도의 부르심을 받는다. 소명받은 삶의 다양성은 사람이 종사하고 있는 직업의 가치와 위임에 있어서 하등 차별이 있을 수 없다. 하나님의 부르심에 대한 신실한 순종은 최선·최고의 목사를 만들지만, 경건한 상인이나 구두 제조업자도 그에 못지 않은 것이다."

— 칼 헨리

소명감이 없어져 간다.

최근에 교육관계자들은 '교육의 위기'라는 말을 자주 사용한다. 교육은 사람의 도리를 가르치는 것이며, 인간다운 삶을 살도록 도와주고 계발해 주는 것이라 할 수 있다. 그러나 이 땅의 교육은 성공과 출세 지향적인 것이 되고 말았다.

주일학교 교육 또한 안팎으로 위기에 처해 있다. 인본주의에 입각한 세속교육, 그로 인해 파생되는 경쟁위주의 교육, 비인간화 풍조, 매스미디어의 악영향 등은 주일학교 교육을 위협하는 외부적 요소이다. 또한 주일학교 교육에 대한 목회자의 인식부족, 교육비 투자의 인색, 교육환경의 열악함, 교사의 소명감 결여 등은 주일학교 교육을 위기로 이끄는 내부적 요소라고 볼 수 있다.

그 중에서도 교사들의 소명의식 결여는 주일학교 교육의 치명적 위기라고 아니할 수 없다. 한 영혼을 사랑하는 마음이 없이는 교사의 일을 할 수가 없다. 왜냐하면 영혼을 죽이는 무서운 결과를 가지고 올 가능성이 농후하기 때문이다.

주일학교 교사직은 기능에 의한 직분이 아니다. 그것은 전적으로 하나님의 부르심이 동기가 되는 직분이다. 교사의 사역에 대한 소명의 인식은 그만큼 그 직무를 분명하게 해 준다.

하나님께서는 나를 교사로 부르셨다. 그것은 교회에 위임되어 있는 교육의 사명이 교사가 된 나에 의하여 주일학교 현장에서 수행되도록 하기 위함이다. 이제 교사된 내가 할 일은 오로지 "가서 과실을 맺게 하는" 것이다(요 15 : 16). 이처럼 소명의 인식은 자신의 사명을 분명하게 드러나도록 한다.

「부스러기 목사의 행장기」의 저자인 일본의 가꾸 구니오(加來

주일학교 교사는 부르심을 받는다

國生)목사는 무학의 사람이지만 놀라운 교회의 부흥을 일으킨 분
이다. 그는 18세에 복음을 받고 19세에 주일학교 교사가 되기를
희망하여 본교회 목사님을 찾아가 주일학교를 도울 수 있게 해
달라고 간청하였지만 거절을 당하였다.

학력이나 신앙경력이 미숙한 것으로 여기고 거절한 것이다. 그러나
그는 그의 가슴에 타오르는 열정 때문에 그냥 있을 수가 없었다.
그리하여 그는 교회 밖에서 학생들을 모아 가르치기 시작하였다.
수백명의 어린이를 모을 수 있었고 차분하게 주일학교 교육을 시
행하였다. 그리고 그 해 성탄절에 목사님을 초청하여 주일학교를
보이므로 놀라게 하였다.

소명의 인식 없이 교사의 직분을 수행할 수 없다. 설령 교사의
직무를 다한다 해도 그것은 한낱 자기 열심에 지나지 않는다. 맥레난
(D.A.Mac Lennan)이 "우리에게 복음을 맡기셨다는 확신이 목회를
안정시킬 것이다"라고 말한 것은 하나님께서 직무를 맡기셨다는
사실의 인식이 교사의 교사된 직분을 흔들림 없이 수행할 수 있도록
한다는 것이다.

안된 말이지만 소명의 인식이 결여된 교사들이 주일학교 현장에는
더러 있다. 교사된 직분에 대하여 하나님과의 관계에서 생각해 보려
하지 않는 자들도 있다.

우리의 현실을 돌아보아야 한다. 어떤 이는 강요에 의하여 억지로
교사를 하기도 한다. 또 어떤 이는 교사의 직분이 좋아서하기도 하며,
직분자의 자녀이기에 체면 때문에 감당하는 사람, 권면을 거절하지
못하여 하는 사람, 여러 해 동안 해온 일을 중단할 수 없어서 하는
사람 등등 여러 모습이다. 이들은 자기의 일을 '때우기'에 급급하다.
그런데 그것은 오래 가지 못하고 직무에 대하여 불안정하며, 비전을

성장하는 주일학교는 이런 교사를 원한다

기대할 수 없게 만든다. 비전이 없다는 사실은 주일학교에 있어 치명적이다. 그것은 주일학교를 병들게 하는 것이므로, 그러한 주일학교는 생명을 잃어간다.

뚜렷한 소명의식이 없는 한 생명력이 넘치는 사역을 기대할 수 없다. 교사라는 직분이 얼마나 영광스러운 직분인가라는 사실을 뉴톤(John Newton)의 한 마디가 잘 드러내 주고 있다. "세상을 창조하신 하나님 외에는 아무도 복음의 사역자를 만들 수 없다."

교사로서의 사명의식은 교육으로 되는 것이 아니고, 의욕이나 열심으로 되는 것도 아니다. 취미나 소질로 되는 것은 더욱 아니다.

그것은 믿음이다. 그것은 은혜이다. 믿음이 확실할 때 은혜를 받게 되고 은혜를 받을 때 소명의식이 생겨나게 된다. 소명감은 저절로 생기는 것이 아니다. 하나님께서 주신다. 하나님께서 소명을 주실 때 교사직을 받게 되고, 교사직을 받을 때 감당할 능력도 함께 받는다.

모든 교사들이 '내 어린양을 먹이라', '내 양을 치라', '내 양을 먹이라'는 주님의 부르심을 듣고 다시 소명의식을 회복해야만 할 때이다.

'부르심'이라는 말의 의미

'부르심'(소명)이라는 단어는 성경에 나오는 중요한 단어 가운데 하나이다. 부르심이라는 단어는 성경 속에 12가지 이상의 의미를 지니고 있지만, 그 가운데 기본적인 네 가지의 의미에 초첨을 맞추고자 한다.

첫째, 기도할 때 부르짖음을 의미한다.

주일학교 교사는 부르심을 받는다

"너는 내게 부르짖으라. 내가 네게 응답하겠고"(렘 33 : 3).

둘째, 불러내거나 지명함을 의미한다.

"내가 북방 모든 나라의 족속을 부를 것인즉"(렘 1 : 15).

셋째, 사람이나 어떤 것에 이름을 부여함을 의미한다.

"빛을 낮이라 칭하시고"(창 1 : 5).

넷째, 예수 그리스도를 통한 구원에로의 초청을 의미한다.

소명이라는 말은 신약에서 자주 사용되는 말이다. 이것은 봉사 (service)를 위해 어떤 사람을 부르는 것뿐 아니라 무엇보다도 먼저 예수 그리스도를 통해 하나님과의 새로운 관계를 이루는 것을 의미한다.

헬라어의 '디아코노스'(διακονος)는 목회의 의미를 지니고 있다. 그 말 자체는 계급이나 신분, 혹은 삶에 있어서의 어떤 지위를 의미하지는 않는다. 이 말은 예수 그리스도를 구주로 영접함으로써 예수 그리스도와 새로운 관계를 갖게 된 사람이 목회와 섬김에로 부름받았음을 의미한다.

'디아코노스'라는 말은 '종'(servant)의 모습을 나타내 주고 있다. 이 말에는 '종'이라는 뜻 외에 그리스도와 그리스도께서 사랑하셔서 그에게로 부르신 모든 사람들에게 봉사의 일을 하는 '시종'(attendant)의 의미도 포함되어 있다.

하나님께서는 자기 백성을 부르신다. 하나님의 부르심이 없이는 그 누구도 하나님의 백성이 될 수 없다. 부르심을 받은 하나님의 백성들에게는 '보내심'이 있다. 그러나 보내시는 현장은 각자가 다르다. 정치가, 사업가, 공무원, 농부, 장인(匠人)으로서 어떤 직업을 택하든지 이곳은 하나님께서 보내신 일터요, 선교의 현장임을 알아야 한다.

이 말을 이렇게 사용하는 것은 고린도전서 7 : 20에 근거한다. "각 사람이 부르심을 받은 그 부르심대로 지내라." 모든 사람에게 주어진 소명(부름 받은 소명)에 '남아 있으라'는 부탁이다. 즉 이 지상에서의 소명은 복음을 통하여 하나님의 자녀가 되는 길이다. 모든 사람은 자기의 위치와 직책을 갖고 있는데 그 위치, 그 직책에 만족하면서 최선을 다하라는 지상적이고 영적인 노동 개념을 뜻하는 말이다.

부름 받은 것을 소명이라고 하는 것은 어떤 직책만이 아니라 그 행위까지를 포함한다. 루터는 그의 설교집에서 고린도전서 7 : 20의 의미를 설명하면서 "각자가 위치한 그 자리에서 남편이나 아내, 아들이나 딸, 소년이나 소녀가 되는 것이라"고 말하고 있다. 위의 말을 바꾸어 말할 때 어떤 여자나 남자의 소명은 정숙하고 온전한 사람이 되는 것이다.

교황이나 감독, 교사는 지금 하고 있는 그대로의 질서에 임하는 것이 자기의 소명을 다하는 것이며, 전투하는 군인은 거기에 합당하게 봉사하는 일이다. 그리고 그에 대한 노동의 대가를 받는 것이다. 왜냐하면 노동 역시 사랑의 법으로부터 나오는 하나의 소명이기 때문이다.

더 나아가 '디아코노스'라는 말은 기쁨을 가지고 그리스도의 부르심에 복종하는 사역을 통하여 자신을 자발적으로 드리는 종이나 시종의 모습을 보여주고 있다.

바울은 이것을 고린도교회에 보낸 편지에서 명확하게 말하고 있다. "고린도에 있는 하나님의 교회 곧 그리스도 예수 안에서 거룩하여지고 성도라 부르심을 입은 자들과 또 각처에서 우리의 주 곧 저희와 우리의 주 되신 예수 그리스도의 이름을 부르는 모든 자

주일학교 교사는 부르심을 받는다

들에게 하나님 우리 아버지와 주 예수 그리스도로 좇아 은혜와
평강이 있기를 원하노라. 그리스도 예수 안에서 너희에게 주신 하
나님의 은혜를 인하여 내가 너희를 위하여 항상 하나님께 감사하노니
이는 너희가 그의 안에서 모든 일 곧 모든 구변과 모든 지식에
풍족하므로"(고전 1 : 2-5).

부르심의 성격

한 사람이 어떤 사람인가, 그가 무엇을 하고 있는가 하는 것을
포함한 소명은 모두 예수 그리스도에게 속한 것이다(롬 1 : 6). 그
러므로 모든 인간의 합법적인 직업은 하나님의 소명으로 알고 임해야
한다. 칼 헨리(Carl Henry)는 이에 대해 다음과 같은 말을 했다.
"평신도도 목사처럼 그리스도의 부르심(召命)을 가진다. 소명
받은 삶의 다양성은 사람이 종사하고 있는 직업의 가치와 위엄에
있어서 하등 차별이 있을 수 없음을 함의한다. 인간을 부르신 하
나님의 소명만이 결정적인 요소이지, 인간의 우열과 열등은 아무것도
아닌 것이다. 하나님께는 순종함으로 봉사하는 것이지, 자기가 선
택한 직업으로 봉사하는 것은 아니다(사 1 : 11-17 ; 호 6 : 6 ; 마
9 : 13 ; 12 : 7). 소명 안에서, 소명을 통하여 사회에 봉사할 수 있는
것은 영육간에 받은 은사에 의거한다. 하나님의 부르심에 대한 신
실한 순종은 최선, 최고의 목사를 만들지만, 경건한 상인이나 구두
제조업자도 그에 못지 않은 것이다."
소명의 성격을 보여주는 성경구절이 에베소서 4장에 나와 있다.
"우리 각 사람에게 그리스도의 선물의 분량대로 은혜를 주셨나니,
그러므로 이르기를 그가 위로 올라가실 때에 사로잡힌 자를 사로

잡고 사람들에게 선물을 주셨다 하였도다. 올라가셨다 하였은즉 땅 아랫 곳으로 내리셨던 것이 아니면 무엇이냐. 내리셨던 그가 곧 모든 하늘 위에 오르신 자니 이는 만물을 충만케 하려 하심이니라. 그가 혹은 사도로, 혹은 선지자로, 혹은 복음 전하는 자로, 혹은 목사와 교사로 주셨으니, 이는 성도를 온전케 하며 봉사의 일을 하게 하며 그리스도의 몸을 세우려 하심이라"(엡 4 : 7-12).

소명의 성격은 다음과 같다.

첫째, 하나님께서는 각 사람에게 소명을 주셨다(엡 4 : 7 상반절 "각 사람에게"). 하나님께서는 우리 모두를 도매금으로 한 묶음에 처리하시는 분이 아니시다. 예수 그리스도는 자기 백성을 잘 아실 뿐만 아니라 그들에게 필요한 역할을 맡기신다. 하나님의 교회에 속한 사람은 누구나 주님의 명령을 감당해야 한다. 단지 그 역할과 사명이 각각 다를 뿐이다. 하나님의 교회에 속한 사람은 누구나 사명을 받은 자이다. 따라서 자기에게 주어진 사명이 무엇인가를 숙고하고 잘 분변하여 시작해야 하며, 나아가 자기에게 주어진 것에 대해서는 확신을 가지고 신실하게 봉사해야 한다.

둘째, 은혜의 선물로 소명을 주셨다. 우리에게 주어진 사명은 우리의 자질 때문이 아니다. 내가 다른 사람보다 상대적으로 거룩하거나 특출하여서 주신 것이 아니라 무조건적으로 주신 최고의 선물이며, 하나님의 필요에 의한 것이다. '은혜의 선물'은 교사의 사명을 수행함에 있어서 하나님의 주도적 입장을 암시한다. 하나님의 선물은 무조건적이다. 바울이 "모든 성도 중에 지극히 작은 자보다 더 작은 나에게 이 은혜를 주신 것은 측량할 수 없는 그리스도의 풍성을 이방인에게 전하게 하시고, 영원부터 만물을 창조하신 하나님 속에 감취었던 비밀의 경륜이 어떠한 것을 드러내게 하려 하심이라."

주일학교 교사는 부르심을 받는다

(엡 3 : 8-9)고 고백한 것처럼 미천한 우리에게 감히 주신 귀한 선물이라 할 수 있다.

셋째, 소명을 주신 이유는 성도를 온전케 하기 위함이다. 교사는 학생들에게 지적인 성장을 도모해야 한다. 그러나 이것이 전부는 아니다. 하나님의 사람으로 온전케 되기 위하여 갖추어야 할 모든 것을 가르쳐야 한다. 누가복음 2 : 52에서 언급하고 있듯이 신체적 성장과 함께 정신적, 사회적, 영적 성장을 도모해야 한다. 즉 성도를 온전케 해야 한다.

넷째, 소명을 주신 이유는 "봉사의 일을 하게" 하기 위함이다. 사람은 누구나 혼자서 자랄 수 없으며 누군가의 도움으로 살아가게 되어 있다. 우리가 성장하기 위해서는 위(上)로는 하나님의 도우심과 아래(下)로는 셀 수 없는 많은 분들의 도움이 필요하다. 이렇듯 타인의 도움으로 성장한 우리가 이제 남을 위하여 도움을 줄 수 있는 사람으로 변화되고 봉사의 일을 하게 하신 것은 하나님이 우리에게 주신 특권이다.

다섯째, 그리스도의 몸을 세우게 하기 위함이다. 교회의 머리되신 주님께서는 우리를 통하여 그의 몸을 세우기 원하신다. 만왕의 왕이시며, 만주의 주되신 주님께서 우리를 부르시며 우리를 통해 우리와 함께 주님의 몸을 세우시기 원하신다는 것은 세상에서 가장 불가사의한 일을 행하신 것일 뿐만 아니라 우리에게는 가장 영광스러운 것이다.

사람을 부르시는 하나님

어떤 일을 성취함에 있어서 사람들은 먼저 방법을 찾지만 하나님

성장하는 주일학교는 이런 교사를 원한다

은 그 일을 담당할 사람을 찾으신다. 하나님은 역사를 주장하시되 사람을 통하여 일하신다. 하나님이 찾으셨던 인물들이 많이 있지만 대표적인 사례 몇을 살펴보자.

선택받은 이스라엘 백성이 애굽에서 노예생활을 하며 고역으로 인하여 부르짖음이 들렸을 때에 하나님께서 모세를 부르셨다(출 3 : 4). 모세는 불타는 가시덤불의 경험과 하나님의 거룩하심을 본 뒤에 하나님의 백성을 위한 지도자가 되었다. 그리하여 이스라엘 백성은 모세에 의하여 하나님의 약속을 받았으며 출애굽의 구원 사역이 그를 통하여 이루어졌던 것이다.

아주 어려서 하나님의 전에 바쳐진 사무엘을 하나님께서 부르셨다 (삼상 3 : 4). 사무엘은 하나님의 부르심에 응답하여 이스라엘 민족을 위한 선지자와 제사장의 사역에 헌신하였다. 하나님은 사무엘을 통하여 하나님의 인도하심을 이스라엘 백성들과 열방 가운데 나타내 보이셨다.

또한 이사야를 부르시는 하나님의 모습을 볼 수 있다. 그는 웃시야 왕이 죽던 해에 높이 들린 보좌에 앉으신 하나님을 보았고 하나님의 부르심을 들었다. "내가 누구를 보내며 누가 우리를 위하여 갈꼬"(사 6 : 8 중반절). 이에 이사야가 대답하기를 "내가 여기 있나이다. 나를 보내소서"라고 하였다. 이때부터 그의 사역이 시작되었다. 이사야 선지자는 그의 이름처럼 "구원은 여호와의 것이다"라고 외쳤다. 요담, 아하스, 히스기야 시대에까지 그의 활동은 이스라엘을 하나 님께로 돌아오도록 하는 것이었다. 하나님께서는 이사야를 통하여서 유다의 죄악을 심판하시겠다고 경고하셨으며 구주와 주권자로 오 시는 메시아에 대한 약속으로 소망을 주셨다.

제사장이었던 에스라는 여호와를 대단히 신뢰하고 도덕적으로

주일학교 교사는 부르심을 받는다

순전하여 죄에 대하여 비통해 하는 경건한 사람이었다. 에스라의
선포는 하나님이 이스라엘 백성을 70년 동안의 포로에서 다시 약
속의 땅으로 귀환시키겠다고 하신 약속을 어떻게 지키시는가에 대한
것이었다. 바벨론 포로생활에서 돌아온 그들의 생활은 피폐할 대로
피폐해 있었다. 이 피폐가 하나님의 말씀을 멀리한 데서 기인되었
다고 여긴 에스라는 하나님의 말씀을 가르쳤다. 그가 여호와의 율
례와 규례를 가르친 바 이스라엘이 되살아나게 되었다.

고레스 왕의 임명으로 유다 총독이 되었지만 여호와의 구속의
역사를 이루려고 성전을 재건한 스룹바벨, 목자의 심정을 가지고
이스라엘의 절박한 파멸에 대하여 백성들에게 경고하는 한편 하
나님의 용서를 탄원하였던 아모스 선지자는 한결같이 하나님의
부르심으로 사역을 담당하였다.

사람을 부르시는 하나님의 부르심은 예수 그리스도에 의해서도
일치되었다. 갈릴리 바다에서 예수님은 베드로와 안드레, 그리고
야고보와 요한을 발견하셨다. 그리고 그는 "나를 따라 오너라. 내가
너희로 사람을 낚는 어부가 되게 하리라"(마 4 : 19)고 부르셨다.

신약에서 부름 받은 대표적인 한 사람을 더 지적한다면 사도
바울이다. 그는 그의 편지 서두에서 자신이 복음의 일꾼이 된 것에
대하여 철저하게 하나님의 부르심이라고 증거하고 있다(롬 1 : 1 ;
고전 1 : 1 ; 갈 1 : 1 ; 빌 1 : 1 ; 딤전 1 : 1 ; 딛 1 : 1 ; 몬 1 : 1).
바울은 자신을 말할 때, '하나님의 복음을 위하여 택정함을 입었
으니', '하나님의 뜻을 따라', '하나님 아버지로 말미암아', '그리
스도 예수의 명령을 따라' 등등의 수식어를 자신의 이름 앞에 쓴
것을 볼 수 있다. 그 뿐 아니라 채드윅(W. Edwad Chadwick)가
일러주는 대로 바울은 자신의 신분에 대하여 하나님의 뜻에 따른

성장하는 주일학교는 이런 교사를 원한다

소명이었음을 강조하였다. 고린도전서 9 : 16, 17에 이 사실이 잘 나타나 있다. "내가 복음을 전할지라도 자랑할 것이 없음은 내가 부득불 할 일임이라. 만일 복음을 전하지 아니하면 내게 화가 있을 것임이로라. 내가 내 임의로 이것을 행하면 상을 얻으려니와 임의로 아니한다 할지라도 나는 직분을 맡았노라." 하나님의 부르심에 대한 통찰은 사도행전에도 여러 번 언급되고 있다. 그는 소명을 깊이 인식하였고 이 직무를 위하여 자신을 기꺼이 헌신하였다.

주일학교 교사는 부르심을 받는다

지금까지는 하나님께서 교사로서 부르신다거나 혹은 기름 부으시는 일은 거의 기대되지 않았거나 추구되지 않았다. 그러나 우리는 하나님께서 자신의 말씀을 가르치도록 과거에도 사람들을 부르셨고, 지금도 부르고 계시며, 앞으로도 부르실 것이라는 사실을 성경을 통하여 알 수 있다.

가르치는 일, 즉 교육은 하나님의 말씀과 하나님의 뜻을 오늘의 우리에게 알리기 위한 하나님의 계획 안에 포함되어 있다. 이 계획은 최근에 알려진 것이 아니다. 오래 전부터 교육하는 일, 가르치는 일은 사람들에게 진리를 전달하는 하나님의 수단이었다. 구약에서 볼 수 있는 대로 많은 훈계들이 가르침과 관계가 있음을 알 수 있다 (출 4 : 15 ; 신 4 : 10 ; 6 : 5－7 ; 삼상 12 : 23 ; 욥 36 : 22).

우리는 가르치는 일에 대해서 구약보다 신약에서 더 많이 강조되고 있음을 볼 수 있다. 신약성경에 나타난 초대교회는 교사와 가르침에 대해서 지대한 관심을 갖고 있었다. 예수 그리스도는 아버지께로 가셨지만 그는 그의 제자들에게 주위에 있는 모든 사람들에게 복음을 가르치는 일들을 위임하셨다. 바울 사도는 그가 쓴 글과 가르침 속에서 예수님께서 남기신 가르침에 대한 중요성에 대해 명확하게 말하고 있다. "그가 혹은 사도로, 혹은 선지자로, 혹은 복음 전하는 자로, 혹은 목사와 교사로 주셨으니"(엡 4 : 11). "하나님이 교회 중에 몇을 세우셨으니 첫째는 사도요, 둘째는 선지자요, 셋째는 교사요, 그 다음은 능력이요, 그 다음은 병고치는 은사와 서로 돕는 것과 다스리는 것과 각종 방언을 하는 것이라"(고전 12 : 28).

하나님께서는 신약시대에도 가르치는 일을 위하여 사람을 부르셨고, 또한 오늘날도 여전히 가르치는 일을 위하여 사람들을 부르신다. 이러한 부르심은 초대교회를 위해 바울이 일한 것만큼이나 실제적인 하나님의 사역이다.

하나님은 사람들을 부르시되 다양한 방법들을 사용하신다. 어떤 사람에게는 위기의 경험이 있었다. 모세는 불이 붙었으나 타지 아니하는 떨기 나무 가운데서, 이사야는 성전에서 이를 경험하였다. 예레미야와 세례 요한에 대한 하나님의 목적은 그들이 태어나기 전부터 분명하였다. 그러나 대부분의 사람들은 하나님이 그의 손을 우리 위에 두셨다는 피할 수 없는 확신이 있을 뿐이다. 바울은 이것을 다음과 같이 표현하고 있다. "내가 부득불 할 일임이라. 만일 복음을 전하지 아니하면 내게 화가 있을 것임이로다!"(고전 9 : 16).

오늘날 가르치는 일을 맡은 우리들 역시 여러 경로를 통하여 그 사역에로 부르심을 받는다. 우리 가운데 어떤 이들은 하나님에 의해 그 사역에로 인도되었다고 느꼈기 때문에 가르치고 있다. 우리는 응답할 때까지 우리를 놓아주지 않는 내적 강요에 응답한 것이다. 우리는 예수 그리스도의 제자가 된다는 것이 가르쳐야 할 책임을

성장하는 주일학교는 이런 교사를 원한다

내포하는 것임을 가리키는 표를 가지고 있었는지도 모른다. 우리는 극적 경험을 통해 이런 깨달음에 이르게 되었을 수도 있고 그 깨 달음이 조용히 그리고 끊임없이 우리의 의식으로 들어왔을 수도 있다. 어떤 이들은 가르치는 일을 하도록 새로 모집되었다. 담임 목사들과 기독교 교육 지도자들, 부서장들과 타 교사들, 교사모집 위원회의 구성원들, 아니면 어린이나 청년 그룹에 이르는 사람들의 편지, 전화, 집에 찾아와 그들의 요구사항을 표현했을 것이다. 그들은 우리가 갖고 있는 자원을 확인하였고 우리에게 도전하거나 설득 하였을 것이다.

우리는 주일학교의 교사가 되는 일에 동의하였다. 그러나 우리가 주일학교 교사로 승인한 동기는 당연히 복합적이다. 주일학교 교사가 되어달라고 부탁하는 사람이 좋아서 응한 경우도 있다. 어떤 사람 들은 맡겨진 연령의 집단과 공부하는 것을 좋아했기 때문에 승낙 했다. 또 어떤 이들은 가르치는 일이 그들이 하나님과의 관계에서 경험한 기쁨을 다른 사람들과 나눌 기회를 제공하는 것이기 때문에 기꺼이 응했다. 어떤 교사들은 의무감 때문에 응했다. 통계를 볼 때에 우리 모두는 가르치는 임무를 열광적으로 받아들이지는 않았다. 솔직히 말하자면 아마도 우리 가운데 많은 사람은 가르치는 일 대신 다른 일 하기를 더 원했을 것이다. 그러나 우리 자신도 모르게 하 나님께서는 우리를 사용하신다. 어떻게 우리가 주일학교 교사가 되었든지 간에, 하나님의 시각에서 볼 때 우리 모두는 이 사역에로 부르심을 받은 것이다.

어떤 면에서든 우리가 가르치는 일을 맡기로 동의했다면 우리가 어떻게 부탁받았는지 혹은 우리의 동기나 느낌이 무엇이었는지 별로 중요하지 않다. 우리 경험의 특성이 어떤 것이든지 간에 성령의

주일학교 교사는 부르심을 받는다

인도하심에 충실하다면 우리가 가르쳐야 하는 사실은 분명해진다. 이런 면에서 우리는 이사야나 바울의 선지자적 사명에서 보게 되는 하나님의 뜻을 따라야 할 절박성을 공유하게 된다.

하나님의 부르심은 성직을 수여받게 된 사람들을 위해서만 예비된 것은 아니다. 부르심은 하나님께서 모든 사람들을 소명에 참여하게 하시는 수단인 것이다. 교사에게 "왜 교사가 되셨습니까?"라고 물으면 "하나님께서 그의 진리를 가르치도록 부르셨기 때문입니다"라고 대답할 정도로 중요한 것이다.

어떻게 소명(召命)을 알 수 있는가?

어떤 사람에게는 위기의 경험이 있었다. 모세는 떨기나무에서, 이사야는 성전에서 이를 경험하였다. 그러나 대부분의 사람들에게는 이러한 경험이 많지 않다.

이 시점에서 여러분은 이렇게 묻고 싶을 것이다. "하나님께서 내가 학생들을 가르치는 교사로 부르셨음을 어떻게 알 수 있습니까? 내가 교사로 소명 받는 순간 모세의 떨기나무 체험이나 이사야 6장의 소명 순간처럼 특별한 느낌이나 신비한 체험을 하게 됩니까? 소명은 개인적인 경험들을 통하여 역사한다. 하나님께서 주일학교 학생들을 가르치는 교사로 어떤 한 사람을 부르실 때 천편일률적이 아니라는 사실을 기억해야 한다. 주일학교 교사로 소명 받은 여부를 확실히 하기 위하여 다음과 같은 질문을 자신에게 던져보라.

첫째, 나는 예수 그리스도를 개인의 구주로 영접한 경험이 있는가?

둘째, 나는 하나님의 말씀인 성경을 믿음과 생활을 위해 주신

성장하는 주일학교는 이런 교사를 원한다

권위의 말씀으로 인정하며, 이 말씀을 주일학교 학생들과 나누기
원하는 헌신된 마음이 있는가?

셋째, 나는 영혼에 대한 사랑과 관심을 가지고 있으며, 예수 그
리스도를 통하여 그들도 거듭나야 하고 하나님의 말씀을 알고 믿어야
한다고 확신하는가?

넷째, 나는 성경이 학생들을 위한 하나님의 계획을 분명하게 말해
주고 있음을 알고, 학생들의 이해 수준에 맞추어 성경 말씀을 갖추고
있는가?

다섯째, 나는 학생들이 장년들과는 다르게 배우고 이해한다는 것을
받아들이고, 학생을 가르치는 교사로서 이러한 사실을 수용하는
자세로 가르칠 준비가 되어 있는가?

여섯째, 나는 연구하고, 계획하고, 조직하는 팀의 구성원으로서
함께 동역하는 일에 어느 정도의 능력을 가지고 있는가?

일곱째, 나는 학생들의 정상적인 활동들을 이해하고 있으며, 그
들과 함께 즐겁게 활동할 수 있는가?

여덟째, 나는 계속해서 가르치기 위해 자신이 끊임 없이 배우려는
열정을 지니고 있는가?

위의 질문들은 주일학교 교사로 부르심을 받은 사람들에 대한
전체적인 증거를 포괄하는 것은 아니지만 "나는 주일학교 교사로
부름 받았는가?"라는 질문과 관련하여 상당한 도움을 줄 수 있을
것이다.

우리가 주일학교 교사로의 부르심을 확증하는 데 있어서 기억해야
할 중요한 사실은, 하나님께서 성령을 통하여 특별한 방법으로 우
리를 부르실 때 우리 각자는 그 부르심을 알 수 있다는 것이다. 만일
사역현장에서 교사의 역할을 담당하는 당신이 한 학생과 하나님을

주일학교 교사는 부르심을 받는다

만나는 중간 다리 역할을 감당함으로 그 학생을 향한 하나님의 뜻과 섭리를 믿도록 하며, 그렇게 한 일이 하나님의 부르심으로 이루어 졌다는 사실을 인식한다면 당신은 깊은 만족감을 갖게 될 것이다.

만약 이러한 기회를 통하여 당신의 관심이 고조되는 느낌을 받고 이러한 느낌에 응답하여 주일학교 교사가 되고, 부르심에 순종함으로 당신이 만족스러운 경험을 하게 된다면 당신은 주일학교 교사로 성령이 부르셨음을 인정해도 될 것이다. 그러나 우리는 최종적으로 한 가지의 질문을 더해야 한다. "나를 주일학교 교사로 부르심은 과연 성경에 근거한 것인가?" 이미 언급한 대로 하나님의 말씀에는 "주일학교 교사는 부르심을 받는다"는 사실이 명확하게 나타나 있다.

각자 자문자답하여 보라. "나는 주일학교 교사로 부르심을 받았 는가? 그 부르심은 성경적인 근거를 가지고 있는가?"

중간에 탈락한 사람, 재 사역은 어떻게?

중간에 주일학교 교사 사역을 그만둔 당신의 재사역을 위하여 자신을 살피고 진지하게 기도하며 당신이 알고 신뢰하는 사역자와 상담하는 일부터 시작할 수 있다. 당신은 정직하게 대답해야 할 질문이 있다. "나는 왜 중간에 주일학교 교사직을 그만 두었는가? 그만둘 수밖에 없게 했던 문제는 해결이 되었는가? 내가 주었던 그 손상을 보수함에 필요한 단계들을 밟았는가? 내가 다시 주일 학교 교사직을 시작하기 전에 처리해야 할 성격상의 결함이 있는 가?"

"자기 의견에 선한 대로 다른 그릇을 만들더라"(렘 18 : 1-4). 베드로는 부르심에서 낙오되었으나 하나님이 용서하시고 회복시

성장하는 주일학교는 이런 교사를 원한다

키셨다. 엘리야도 마찬가지였으며, 다윗도 그러했다. 무엇보다도 하나님의 말씀에 의존하고 사람의 의견에 좌우되지 말아야 한다.

봉사의 기회가 다시금 왔다고 무작정 뛰어들지 말라. 당신은 하나님이 원하시는 곳에서 일해야 할 사람임을 명심해야 한다. 당신은 또 다시 위기나 실패를 허용해서는 안된다. 경험이 풍부한 사역자들과 한동안 함께 일하는 것은 자신을 회복하는 데 도움을 줄 것이다.

주일학교 교사는 부르심을 받는다

참고도서

- 권영섭, 교사지침서, 한국어린이전도협회, 1986. pp. 6-9.
- 챨스 R. 포스터, 교회학교 교사의 사명, 장신대 기독교 교육연구원 역, 성지출판사, 1994. pp. 11-28.
- 교사의 벗, 교회교육 현장백과 3, 말씀과 만남, 1994. pp. 182-183.
- 뮤리엘 블랙웰, 어린이 사역 소명론, 최기운 역, 파이디온 선교회, 1993. pp. 15-30, 35-37.
- 오인탁, 정웅섭 공저, 교회 교사교육의 현실과 방향, 대한기독교 출판사, 1987. pp. 28-29.
- 이용윤, 교사학교 훈련교재, 은혜, 1993. pp. 13-15.
- 임세빈, 교사교육 지침서, 한국어린이교육선교회, 1985. pp. 221-222.
- 강정훈, 교회 교사론, 늘빛출판사, 1994. pp. 31-36.
- 워런 W. 위어스비, 하워드 F. 서그든, 목회자 지침서, 조천영 역, 나침반, 1985. pp. 9-18.
- 한치호, 성경의 세계로 아이들을 초대하라, 크리스챤서적, 1991. p. 69.
- 한치호, 어린이 분반사역, 크리스챤 서적, 1991. pp. 55-62.
- 노르만 E. 하퍼, 현대 기독교 교육, 이승구 역, 엠마오, 1984. pp. 168-171.
- 원준자, 효과적인 반목회, 파이디온 선교회, 1991. pp. 19-23.
- 김문철, 교회교육 교사론, 종로서적, 1991. pp. 32-34, 85-87.

성장하는 주일학교는 이런 교사를 원한다

6장

주일학교 교사의
자원(資源)은 무엇인가?

"우리의 기도는 하나님의 장중에 붙잡힌 효과적인 도구이
다."

— 주크

"하나님의 말씀을 가르치려는 이들에게 영적인 것보다 더
중요한 것은 없다. 말씀을 감동하신 분만이 그 말씀의 뜻을 가
르치는 자에게 밝히 알려줄 수 있다."

— 메릴 엉거

하나님 말씀

"옛적에 선지자들로 여러 부분과 여러 모양으로 우리 조상들에게 말씀하신 하나님이 이 모든 날 마지막에 아들로 우리에게 말씀하셨으니"(히 1 : 1-2).

하나님의 말씀을 가르치는 주일학교 교사는 먼저 하나님의 말씀과 바른 관계를 맺어야 한다. 주일학교 교사들에게 성경은 어떤 역할을 하는가 ?

교사의 지침서

어떤 공부에 있어서는 가르칠 교과서가 수없이 많을 수 있다. 그러나 하나님을 가르치는 교과서는 자연과 하나님의 말씀인 성경이다. 성령께서 저자(딤후 3 : 16)가 되시며 성령께서 해석하시는 유일한 책은 하나님의 말씀인 성경이다. 성경을 기초석으로 꾸며진 교육과정은 도움이 되며 필요하다. 그러나 책 중의 책 성경은 우리의 최종적인 권위가 된다.

역사와 문학의 저자와 우리는 의견이 각각 다를 수도 있다. 그러나 만일 성경의 저자와 의견을 달리한다면 우리는 성경을 가르치는 교사로서의 자격을 상실할 수밖에 없다. 실상 교파에 따라 성경의 해석에 관해서 의견이 다를 수 있다. 그렇다 하더라도 성경과 성경의 저자에 대해서는 추호도 의심이 없어야 한다. 혹시 우리는 각기 다른 출판사의 성경구절의 기록이 다소 차이가 있음을 인정할 수는 있어도 (예를 들면 한글 개역 성경과 기타 다른 성경은 뜻은 변함이 없으나 자구가 다른 것들을 볼 수 있다) 성경원본의 정확성은 추호도 의심할 수 없다. 어떤 교파의 교리들은 너무나 중요해서 그 교리를 받아

주일학교 교사의 자원은 무엇인가 ?

들이지 아니하면 진리 전체가 무너질 정도이다. 그러나 미미한 의문거리로 의견이 분분하다 하더라도 결정적으로 중요한 진리들은 적극적으로 따라야만 한다. 하나님의 말씀인 성경을 부인하는 사람은 얼마 안가서 영혼을 구원하고 양육하는 일을 그만두며 자기의 사역에 내려지는 하나님의 축복을 상실하게 된다.

교사의 안내자

만일 어떤 이의 주장대로 성경에 오류가 있다면 성경의 권위는 이미 사라진 것이다. 성경은 시대가 변하고 사상이 변해도 변하지 아니하는 영원한 사실들을 말한다. 인생 중에 아무도 할 수 없는 일이지만 오직 하나님께서만 이 사실들을 알 수 있고 선포하실 수 있다.

하나님께서 이 성경의 저자라는 것을 믿는 것만으로는 충분하지 않다. 하나님은 성경 원본에 관한 한 매 줄의 저자이시며, 매 단어의 저자이시다. 원본 성경의 일점 일획에 이르기까지의 저자이시다(성경의 원본은 완벽하게 보존되어 있지 아니하며 다양한 사본들에 의하여 그 뜻이 변함없이 우리에게 전해지고 있다). 만일 성경 원본에 이의가 있다면 우리는 불완전하고 불확실한 메시지를 가지고 있는 결과가 된다.

혹자의 말처럼 성경이 오류 투성이라면 모래와 같은 터 위에 자신의 영원한 구원을 의뢰할 사람이 누가 있겠는가? 흔들리는 터 위에 자신의 일평생을 헌신할 사람이 어디 있겠는가? 성경 원본에 잘못이 있음을 인정하는 교사는 자격이 없다. 이러한 교사는 다른 사람들을 가르치기에는 적합하지 않다. 내가 믿지 못하는 것을 어떻게 다른 사람들에게 가르칠 수 있겠는가? 교사는 유일한 교과서인 성경에 전혀 이의가 없어야만 한다.

교사의 지식

교사는 교과서인 성경을 알아야 한다. 이스라엘 백성들이 망하는 이유 가운데 하나는 하나님을 아는 지식이 없었기 때문이다. 호세아 선지자는 이스라엘 백성들 앞에서 말하기를 "우리가 여호와를 알자. 힘써 여호와를 알자. 그의 나오심은 새벽 빛같이 일정하니 비와 같이, 땅을 적시는 늦은 비와 같이 우리에게 임하시리라"(호 6 : 3)고 하였다.

아무도 성경을 완전하게 알 수는 없으나 적어도 우리가 그것을 가르치려고 한다면 그 말씀을 착실히 공부하는 사람이 되지 아니하면 안된다. 소경은 소경을 바른 길로 인도할 수 없다. 소경이 소경을 인도하면 두 사람이 모두 다 구덩이에 빠질 위험성이 있기 때문이다. 교사는 그 무엇보다도 성경을 많이 알아야 한다. 성경을 알기 위하여 구체적으로 어떻게 해야만 하는가 ?

첫째, 한없이 성경을 많이 읽어야 한다. 대한민국에 대하여 가장 잘 알고 있는 사람이 누구이겠는가 ? 지리학을 전문적으로 공부한 학자이겠는가 ? 지리학을 교수하시는 교수님이겠는가 ? 물론 전공하신 분으로서 대한민국을 일반인들보다는 잘 알 수 있을 것이다. 그러나 연구실과 정보에만 의존하여 전공을 마쳤다면 그 이상의 지식을 소유하기는 어려울 것이다. 그렇다면 대한민국의 구석구석을 가장 잘 아는 사람은 누구이겠는가 ? 아마도 배낭을 짊어지고 전국의 방방곡곡을 샅샅이 뒤지며 다녀본 사람일 것이다. 성경(신학이 아니라)을 가장 잘 아는 사람은 누구이겠는가 ? 하나님의 말씀인 성경 66권을 부지런히 이 골짜기 저 골짜기로 다녀본 사람보다

주일학교 교사의 자원은 무엇인가 ?

성경을 더 잘 아는 사람은 없을 것이다.

하나님께서 그의 종들을 세우실 때 먼저 말씀을 먹이신 사실을 기억해야 한다. 선지자 에스겔을 이스라엘 백성들에게 보내시기 전에 먼저 두루마리를 먹이신 기록이 에스겔 2 : 8과 3 : 1-3에 나온다. 예레미야의 경우도 그러하였다. 예레미야 1 : 9에 보면 하나님께서 예레미야를 이스라엘의 선지자로 내보내시기 전에 하나님의 말씀을 그의 입에 두시는 순서를 앞세우셨다. 사도 요한도 많은 백성과 나라와 방언과 임금들에게 예언하기 전에 그에게 먼저 작은 책을 먹이는 순서를 앞세웠다(계 10 : 11).

사람은 먹는 대로 내어뱉는다는 사실을 성경은 언급한다. 몽사를 얻은 선지자는 몽사를 말하고 하나님의 말씀을 받은 자는 성실함으로 하나님의 말씀을 말한다고 하였다(렘 23 : 28). 꿈을 꾼 선지자는 속에 든 것이 꿈밖에 없으니 꿈 이야기 외에는 할 말이 없으나, 하나님의 말씀을 받은 선지자는 속에 든 것이 하나님의 말씀이니 그는 입만 열면 속에 들어 있는 하나님의 말씀이 나오기 마련이다. 골로새서 3 : 16에는 "남을 가르치기 전에 먼저 그리스도의 말씀이 너희 속에 보통 거하게 하지 말고 풍성히 거하게 하라"고 하였다. 교사는 다른 사람을 가르치기 전에 먼저 우리 마음 속에 그리스도의 말씀을 풍성하게 먹는 일을 앞세워야 한다. 교사는 무엇보다도 성경적인 지식을 많이 가져야 하는데 그렇게 하기 위하여 무엇보다도 성경을 많이 읽어야 한다.

둘째, 교사는 하나님의 말씀을 연구하여야 한다. 사도행전 17 : 10 이하에 바울과 실라가 데살로니가에서 전도를 하고 가르치다가 괴악한 사람들의 소동으로 말미암아 밤에 베뢰아로 옮겨와 유대인의 회당에 들어가서 말씀을 전하였다. 베뢰아 사람들은 간절한 마음으로 하나님의 말씀을 받았고 날마다 성경을 상고하였다. 사도행전 17 : 11-12에 "베뢰아 사람은 데살로니가에 있는 사람보다 더 신사적이어서 간절한 마음으로 말씀을 받고 이것이 그러한가 하여 날마다 성경을 상고하므로, 그중에 믿는 사람이 많고 또 헬라의 귀부인과 남자가 적지 아니하다"고 하였다.

하나님의 말씀을 연구하되 학사 에스라처럼 되어져야 한다. 에스라는 어떠한 사람인가? "이 에스라가 바벨론에서 올라왔으니 저는 이스라엘 하나님 여호와께서 주신바 모세의 율법에 익숙한 학사로서 그 하나님 여호와의 도우심을 입으므로 왕에게 구하는 것은 다 받는 자이더니"(스 7 : 6). 학사 에스라는 모세의 율법에 익숙한 학사였다. 에스라 7 : 10에 "에스라가 여호와의 율법을 연구하여 준행하며 율례와 규례를 이스라엘에게 가르치기로 결심하였었더라"고 했다. 그는 여호와의 율법을 연구할 뿐만 아니라 자신이 먼저 준행하며 이스라엘에게 가르치기로 결심한 사람이었다. "여호와의 계명의 말씀과 이스라엘에게 주신 율례의 학사겸 제사장 에스라에게 아닥사스다왕이 내린 조서 초본은 아래와 같으니라. 모든 왕의 왕 아닥사스다는 하늘의 하나님의 율법에 완전한 학사겸 제사장 에스라에게 조서하노니"(스 7 : 11-12). 학사 에스라의 율법에 관한 연구는 모든 왕의 왕이었던 아닥사스다왕이 인정할 정도로 완전한 것이었다.

교사는 바른 성경 지식을 갖기 위하여 학자의 자세를 가져야 한다. 베뢰아 사람들처럼 간절한 마음으로 하나님의 말씀을 받고, 날마다 성경을 상고하여야 한다. 학사겸 제사장이었던 에스라처럼 율법에 익숙한 자가 되고, 하나님의 말씀에 완전한 학사의 수준에 이르도록 연구해야만 한다.

주일학교 교사의 자원은 무엇인가?

셋째, 교사는 각자 가장 위대한 스승, 성령님을 모셔야 한다. 베드로 사도는 성경을 억지로 혹은 교묘하게 해석하려는 사람들을 향하여 경고하고 있다. "또 그 모든 편지에도 이런 일에 관하여 말하였으되 그 중에 알기 어려운 것이 더러 있으니 무식한 자들과 굳세지 못한 자들이 다른 성경과 같이 그것도 억지로(혹 교묘하게) 풀다가 스스로 멸망에 이르느니라"(벧후 3 : 16).

"모든 성경은 하나님의 감동으로 된 것으로 교훈과 책망과 바르게 함과 의로 교육하기에 유익하니"(딤후 3 : 16). 성경은 신앙과 삶에 대한 유일한 권위의 책이다. 성경은 사도들 또는 저자들의 은사와 지식과 성경과 그 모든 부분들을 사용하여 기록된 것이다. 그러나 이들 모두는 성령의 감동에 의하여 된 것이며, 사사로운 것들이 아니다. 교사는 세상의 지식과 경험과 이미 알고 있는 선입견으로 교묘하게 또는 억지로 성경을 해석하려고 해서는 안된다. 성경의 궁극적인 저자이신 성령께 의탁하여 성경을 바르게 깨달아야 한다.

교사와 말씀분별

하나님의 말씀을 완전하고 완벽하게 분별하고 알 수는 없지만 혼탁하고 혼미한 영들의 세계에서 하나님의 말씀을 분별하는 것은 교사의 또 하나의 과제이다. 어떻게 하나님의 말씀을 바르게 분별할 수 있는가?

첫째, 하나님의 말씀을 간절히 찾아야 한다. 잠언 8 : 17에 "나를(본문의 문맥상 나는 지혜를 말하며 지혜는 곧 하나님의 말씀의 다른 표현이다) 사랑하는 자들이 나의 사랑을 입으며 나를 간절히(이 말은 '새벽에'라는 각주가 되어있음)찾는 자가 나를 만날 것이니라"고 했다. 하나님의 말씀을 간절히 찾는 자가 하나님의 말씀을 만날 것이다.

둘째, 겸손한 자가 깨달을 수 있다. "그가 내게 이르되 다니엘아 두려워하지 말라. 네가 깨달으려 하여 네 하나님 앞에 스스로 겸비케 하기로 결심하던 첫 날부터 네 말이 들으신 바 되었으므로 내가 네 말로 인하여 왔느니라"(단 10 : 12). 하나님은 교만한 자는 물리치시지만 겸손한 자에게는 은혜를 더하신다.

셋째, 무죄한 자가 성경을 깨달을 수 있다. "내 백성을 유혹하는 선지자는 이에 물면 평강을 외치나 그 입에 무엇을 채워주지 아니하는 자에게는 전쟁을 준비하는도다. 이런 선지자에 대하여 여호와께서 가라사대 그러므로 너희가 밤을 만나리니 이상을 보지 못할 것이요 흑암을 만나리니 점치지 못하리라 하셨나니 이 선지자 위에는 해가 져서 낮이 캄캄할 것이라. 선견자가 부끄러워 하며 술객이 수치를 당하여 다 입술을 가리울 것은 하나님이 응답지 아니하심이어니와"(미 3 : 5-7). 하나님의 말씀이 현재와 같이 다 기록되기 전에 선지자는 이상을 통하여 하나님의 뜻을 알 수 있었다. 그러나 선지자가 범죄함으로(5절) 이상을 보지 못하며 흑암을 만나고 밤을 만나게 되었다. 성경은 누가 깨달을 수가 있는가? 무죄한 자가 깨달을 수 있다.

넷째, 기도하는 자가 성경을 깨달을 수 있다. 예레미야 33 : 3에 "너는 내게 부르짖으라. 내가 네게 응답하겠고 네가 알지 못하는 크고 비밀한 일을 네게 보이리라"고 예레미야는 말하였고, 다니엘 2 : 19에 "이에 이 은밀한 것이 밤에 이상으로 다니엘에게 나타나 보이매"(느브갓네살왕이 꾼 꿈을 알지 못할 때에 기도하는 다니엘에게 밤에 이상으로 나타났고 다니엘이 그 꿈을 알고 해석함)라고 했다. "곧 네가 기도를 시작할 즈음에 명령이 내렸으므로 이제 네게

111
●
주일학교 교사의 자원은 무엇인가 ?

고하러 왔느니라. 너는 크게 은총을 입은 자라. 그런즉 너는 이 일을 생각하고 그 이상을 깨달을지니라"(단 9 : 23). 다니엘의 경우를 통하여 기도하는 자들에게 하나님의 말씀을 분별하게 하신다는 사실을 알 수 있다.

다섯째, 주께서 은혜로 깨닫게 해주셔야 깨달을 수 있다. "모세가 온 이스라엘을 소집하고 그들에게 이르되 여호와께서 애굽 땅에서 너희 목전에 바로와 그 모든 신하와 그 온 땅에 행하신 모든 일을 너희가 보았나니 곧 큰 시험과 이적과 큰 기사를 네가 목도하였느니라. 그러나 깨닫는 마음과 보는 눈과 듣는 귀는 오늘날까지 여호와께서 너희에게 주지 아니하셨느니라"(신 29 : 2-4). 이스라엘 백성들이 애굽 땅에서 행하신 하나님의 큰 시험과 기적과 큰 기사를 보았으나 그들에게 그 일들의 깨달음을 주지 아니하셨기 때문에 깨달을 수 없었다. 엘리사의 사환이 도단에서 적들로부터 겹겹이 애워싸임을 보고 걱정할 때에 엘리사 선지자는 두려워 말라고 했다. "두려워하지 말라. 우리와 함께 한 자가 저와 함께한 자보다 많으니라 하고 기도하여 가로되 여호와여 원컨대 저의 눈을 열어서 보게 하옵소서 하니 여호와께서 그 사환의 눈을 여시매 저가 보니 불말과 불 병거가 산에 가득하여 엘리사를 둘렀더라"(왕하 6 : 16-17).

엠마오로 내려가는 두 제자에게 부활하신 예수님이 나타나셔서 모세와 모든 선지자의 글로 시작하여 모든 성경에 자기에 관하여 기록된 바를 자세히 설명하여 주셨지만 두 제자는 깨달을 수가 없었다. 저희의 눈이 어두웠기 때문이다. 그러나 저들에게 은혜를 주실 때에 깨닫게 되었다. "저희와 함께 음식 잡수실 때에 떡을 가지사 축사하시고 떼어 저희에게 주시매 저희 눈이 밝아 그인 줄

알아보더니 예수는 저희에게 보이지 아니하시는지라"(눅 24 : 30-
31).

　우리는 바울처럼 기도해야 한다. "우리 주 예수 그리스도의 하나님,
영광의 아버지께서 지혜와 계시의 정신(혹은 영)을 너희에게 주사
하나님을 알게 하시고 너희 마음 눈을 밝히사 그의 부르심의 소망이
무엇이며 성도 안에서 그 기업의 영광의 풍성이 무엇이며 그의 힘의
강력으로 역사하심을 따라 믿는 우리에게 베푸신 능력의 지극히
크심이 어떤 것을 너희로 알게 하시기를 구하노라"(엡 2 : 17-19).

하나님의 말씀의 효능

　성경 안에는 하나님의 말씀을 받은 사람들의 회개와 감동의 사
실이 기록되어 있다. 유다 나라의 16대 왕 요시야의 명령으로 그
당시 대제사장 힐기야가 하나님의 성전을 수리하다가 율법책을
발견하였다. 힐기야는 서기관 사반으로 하여금 요시야왕 앞에서
율법책을 읽을 때에 나타낸 반응을 기록하고 있다. "왕이 율법책의
말을 듣자 곧 그 옷을 찢으니라"(왕하 22 : 11). 왕이 율법책의
말씀을 듣자 그 옷을 찢었다는 말씀이다. 왜 이렇게 행동하였을까?
하나님의 말씀이 요시야왕의 마음에 깊은 감동과 찔림을 주었기
때문이다.

　느헤미야 8 : 9에 보면 "백성이 율법의 말씀을 듣고 다 우는지라"
는 말씀이 있다. 에스라 당시 7월 1일 곧 나팔절에 이스라엘 백성들이
예루살렘에 모여 절기를 지키던 중 에스라가 수문 앞 광장에 모인
이스라엘 백성들에게 새벽부터 오정까지 율법의 말씀을 낭독하매
백성들이 율법의 말씀에 깊은 감동을 받고 다 울었다는 것이다.
사도행전 2 : 37에 보면 오순절날 베드로의 설교를 들은 사람들이

●

주일학교 교사의 자원은 무엇인가?

베드로의 설교를 듣고 마음에 찔렸다고 했다. 베드로가 요엘서와 시편에 기록된 하나님의 말씀을 전하였더니 듣는 자들이 마음에 찔림을 받고 회개하는 큰 역사가 일어났다. 그러면 도대체 어떠한 말씀이기에 이 말씀을 듣는 자들에게 큰 감동을 줄 수 있었는가?

첫째, 하나님의 말씀은 불이라고 했다. 예레미야 23 : 29에 하나님의 말씀은 불이라고 하였고, 신명기 32 : 2에도 하나님의 율법을 불같은 율법이라고 하였다. 불의 특징 가운데 하나는 뜨겁다는 것이다. 불같이 뜨거운 말씀이 사람들의 마음에 들어갈 때 얼음같이 차가운 인간의 마음도 녹아져 감동을 안 받고는 견딜 수가 없는 것이다.

둘째, 하나님의 말씀을 방망이라고 했다.

예레미야 23 : 29에 하나님의 말씀은 반석을 쳐서 부스러뜨리는 방망이와 같다고 하였다. 방망이 같은 하나님의 말씀이 사람의 마음에 부딪칠 때에 반석과 같이 굳고 강한 인간의 마음일지라도 깨어져 감동을 안 받을 수 없게 된다.

셋째, 하나님의 말씀을 검이라고 했다. 에베소서 6 : 17에 "성령의 검 곧 하나님의 말씀"이라고 하였고, 히브리서 4 : 12에도 "하나님의 말씀은 살았고 운동력이 있어 좌우에 날선 어떤 검보다 예리하다"고 하여 검으로 비유했다. 특히 히브리서 4 : 12에서는 검으로 비유된 하나님의 말씀의 효력을 세밀하게 설명하였다. 하나님의 말씀은 좌우에 날선 검보다도 더 예리하다고 하였다. 성경이 좌우에 날선 검을 말할 때에는 예리한 점을 그 특성으로 한다(삿 3 : 21, 22, 잠 5 : 3, 4).

하나님의 말씀은 좌우에 날선 검보다 더 예리하기 때문에 말씀이 이르는 곳에 혼과 영과 관절과 골수를 찔러 쪼개기까지 하며, 마음

성장하는 주일학교는 이런 교사를 원한다

의 생각과 뜻을 감찰하여 만물이 우리를 상관하시는 분의 눈앞에 벌거벗은 것같이 드러나는 결과가 나타난다고 하였다. 좌우에 날선 검보다 더 예리한 하나님의 말씀이 사람들의 마음을 꿰뚫고 들어갈 때에 사람들의 마음이 찔림을 받아 깊은 감동을 받게 된다.

기도

기도의 필요성

하나님의 사람들이 기도를 생각할 때 잘못된 관점이 있다. 하나님께서 예비하시고 준비된 응답은 성도가 기도하지 않고 가만히 있어도 주시는 것으로 생각하는 것이다. 마치 홍시를 먹고 싶어하는 사람이 있는데 감나무에 올라가지는 아니하고 홍시가 달려 있는 감나무의 밑에 가서 입을 벌리고 있는 것과 같다. 기도에 대해서도 홍시를 먹기 위하여 감나무 밑에서 입을 벌리고 있는 사람과 같은 사람들이 있다.

그러나 성경은 이러한 사상에 대하여 동의하지 않는다. 성경은 구하여야, 기도하여야 예비된 것들을 주신다고 말씀한다. "구하라 주실 것이요, 찾으라 얻을 것이요, 문을 두드리라 그러면 열릴 것이니"(마 7 : 7). 예수님은 이 말씀을 통하여 기도를 세 가지로 표현하고 있다. 기도는 구하는 것이다. 기도는 찾는 것이다. 기도는 문을 두드리는 것이다. 이어지는 8절에 어떤 사람이 얻을 수 있는가, 기도의 응답을 받을 수 있는가를 말씀한다. "구하는 이마다 얻을 것이요." 기도하지 아니하고 가만히 있어도 기도의 응답을 주시는 것이 아니라 구하는 이마다 얻을 것이라고 했다. 구하는 사람이 기도의 응답을 얻을 것이라는 말씀이다.

주일학교 교사의 자원은 무엇인가?

"너희가 욕심을 내어도 얻지 못하고 살인하며 시기하여도 능히 취하지 못하나니 너희가 다투고 싸우는도다. 너희가 얻지 못함은 구하지 아니함이요"(약 4 : 2). 우리가 얻지 못하는 이유는 일차적으로 구하지 않기 때문이라는 것이다.

우리 하나님은 하나님의 사람들이 기도하기 이전에 우리에게 있어야 할 것을 다 아시는 분이시다. 마태복음 6 : 8에 "그러므로 저희를 본받지 말라. 구하기 전에 너희에게 있어야 할 것을 하나님 너희 아버지께서 아시느니라"고 했다. 우리에게 있어야 할 것을 다 아시지만 구하여야 주시겠다고 말씀하고 있다.

우리에게 있어야 할 바를 미리 다 아시고 약속하셨지만 기도하는 일을 통하여 이루어주신 몇 가지의 예를 생각하여 보자.

첫째, 출애굽 하는 일과 가나안 땅을 주시겠다는 약속과 실현이다. 애굽에서 해방되어 나아 오는 것과 가나안 땅을 주시겠다는 약속이 창세기 15 : 12 이하에 나온다. "여호와께서 아브람에게 이르시되 너는 정녕히 알라. 네 자손이 이방에서 객이 되어 그들을 섬기겠고 그들은 사백 년 동안 네 자손을 괴롭게 하리니 그 섬기는 나라를 내가 징치할지며 그 후에 네 자손이 큰 재물을 이끌고 나오리라. …네 자손은 사대만에 이 땅으로 돌아오리니…그 날에 여호와께서 아브람(후에 아브라함으로 이름을 바꾸어 주셨음)으로 언약을 세워 가라사대 내가 이 땅을 애굽 강에서부터 그 큰 강 유브라데까지 네 자손에게 주리라"는 약속이 주어졌다. 아브라함과 그의 자손, 이스라엘 백성들을 출애굽시켜 주실 것과 가나안 땅을 주시겠다는 약속이 주어졌다. 이제 이스라엘 백성들은 뒷짐을 지고 구경만 하면 출애굽 하는 일과 가나안 땅 정복하는 일이 저절로 이루어지는가 ? 그렇지는 않다. 하나님의 백성 이스라엘이 구하는 일을 통하여서

이 일이 이루어졌다.

출애굽기 2 : 23-25에 애굽에서 고역으로 인하여 탄식하며 부르짖으니 그 부르짖는 소리가 하나님께 상달되었다. "하나님이 그 고통 소리를 들으시고 아브라함과 이삭과 야곱에게 세운 그 언약(언약의 내용은 애굽에서 구원시킬 것과 가나안 땅을 기업으로 주는 것)을 기억하사"(출 2 : 23). 이스라엘 백성들의 신음 소리를 듣고 하나님이 언약을 기억하셨다고 하였다. "가나안 땅 곧 그들의 우거하는 땅을 주기로 그들과 언약하였더니 이제 애굽 사람이 종을 삼은 이스라엘 자손의 신음을 듣고 나의 언약을 기억하노라"(출 6 : 4-5). 탄식하며 부르짖는 소리, 고통하는 소리, 이스라엘 자손의 신음은 곧 기도였다. 하나님의 약속은 이스라엘 백성들의 탄식하며 부르짖는 소리, 고통하는 소리, 이스라엘 자손의 신음 곧 기도로 이루어진 것이다.

둘째, 바벨론 포로에서 해방 받은 경우이다. 하나님은 그의 선지자 예레미야를 통하여 바벨론에 포로로 잡혀간 이스라엘이 70년이 차면 해방되어 그들의 고토로 돌아올 것을 말씀하셨다. "나 여호와가 이같이 말하노라. 바벨론에서 70년이 차면 내가 너희를 권고하고 나의 선한 말을 너희에게 실행하여 너희를 이곳으로 돌아오게 하리라. 나 여호와가 말하노라. 너희를 향한 나의 생각은 내가 아나니 재앙이 아니라 곧 평안이요 너희 장래에 소망을 주려하는 생각이라"(렘 29 : 10-11). 바벨론 포로에서 70년만 차면 이스라엘 백성들이 해방되어 자신들의 고향으로 돌아가게 해주시겠다는 말씀인가? 그렇지는 않다. 때가 되면 저절로 이스라엘이 해방되어 자기의 땅으로 돌아오게 되는 것이 아니라 이스라엘이 구하여야 할 것을 말씀한다.

주일학교 교사의 자원은 무엇인가?

"너희는 내게 부르짖으며 와서 내게 기도하면 내가 너희를 들을 것이요 너희가 전심으로 나를 찾고 찾으면 나를 만나리라. 나 여호와가 말하노라. 내가 너희에게 만나지겠고 너희를 포로된 중에서 다시 돌아오게 하되 내가 쫓아 보내었던 열방과 모든 곳에서 모아 사로잡혀 떠나게 하던 본 곳으로 돌아오게 하리라."(렘 29 : 12-14). "나 주 여호와가 말하노라. 그래도 이스라엘 족속이 이와 같이 자기들에게 이루어주기를 내게 구하여야 할지라"(겔 36 : 37).

셋째, 성령 받는 일이다. 하나님은 요엘 선지자를 통하여 하나님의 신을 만민에게 부어 줄 것을 약속하셨다. "그 후에 내가 내 신을 만민에게 부어 주리니 너희 자녀들이 장래일을 말할 것이며, 너희 늙은이는 꿈을 꾸며, 저희 젊은이는 이상을 볼 것이며, 그 때에 내가 또 내 신으로 남종과 여종에게 부어주리니"(욜 2 : 28-29). 요엘을 통하여 약속하신 성령을 부어주시는 일은 사도행전 여러 곳에서 이루어졌다.

사도행전 2 : 1-4에 보면 "다 한 곳에 모였더니 그 온 집에 성령이 충만하게 임하였다"고 했다. 이 역사는 요엘 선지자를 통하여 이미 약속되어진 것이며, 예수님도 승천하시기 전에 제자들에게 말씀하신 것이다. "사도와 같이 모이사 저희에게 분부하여 가라사대 예루살렘을 떠나지 말고 내게 들은 바 아버지의 약속하신 것을 기다리라. 요한은 물로 세례를 베풀었으나 너희는 몇 날이 못되어 성령으로 세례를 받으리라"(행 1 : 4-5).

요엘을 통하여 이미 약속되어진 성령, 아버지의 약속하신 성령을 받는 일은 어떻게 가능했는가? "여자들과 예수의 모친 마리아와 예수의 아우들로 더불어 마음을 같이하여 전혀 기도에 힘쓰니라."(행 1 : 14). "너희가 악할지라도 좋은 것을 자식에게 줄 줄 알거든

성장하는 주일학교는 이런 교사를 원한다

하물며 너희 천부께서 구하는 자에게 성령(마 7 : 11에는 성령이라 하지 않고 좋은 것으로 말씀했다)을 주시지 않겠느냐"(눅 11 : 3). 천부께서는 구하는 자에게 좋은 것, 즉 성령을 주시겠다고 하셨다.

사도행전 4 : 23—31을 보면 제사장들과 성전 맡은 자들과 사두개인들에게 사로잡혔던 베드로와 요한이 놓여서 성도들에게 가서 말씀을 전하고 기도하였다. 기도가 끝이 났을 때에 어떤 일이 발생했는가 ? "빌기를 다하매 모인 곳이 진동하더니 무리가 다 성령이 충만하여 담대히 하나님의 말씀을 전하니라"(행 4 : 31). 빌기를 다했을 때 성령이 그 가운데 충만하게 임하였다.

사도행전 8장에 보면 사마리아에도 복음이 전파되었음을 예루살렘에 있는 사도들이 듣고 베드로와 요한을 보내게 되었다. 베드로와 요한이 내려가서 저희를 위하여 성령 받기를 기도하였다. 사마리아 사람들은 예수의 이름으로 세례는 받았지만 한 사람에게도 성령 내리신 일이 지금까지는 없었다. "저희가 내려가서 저희를 위하여 성령 받기를 기도하니…이에 두 사도가 저희에게 안수하매 성령을 받는지라"(행 8 : 15—17). 사도행전 여러 곳에서 성령을 받은 사실을 발견할 수 있다. 요엘을 통하여 말씀하시고 아버지의 약속하신 성령을 받았다. 어떻게 성령을 받게 되었는가 ? 기도함으로 받았던 것이다. 이미 성령을 주시겠다는 약속이 있었지만 그 약속을 의지하고 기도할 때에 성령을 주신 것이다.

하나님은 우리가 하나님께 나아가서 기도하기 이전에 우리에게 있어야 할 바를 다 아시는 분이다. 하나님은 하나님의 때에 하나님의 일을 이루신다. 약속하신 것을 이루신다. 그러나 성도가 뒷짐을 지고 가만히 있어도 이루어 주시지는 않는다. 우리가 이미 약속하신 사실을 의지하고 구할 때에 그 일을 이루어주신다. 기도의 필요성이

●

주일학교 교사의 자원은 무엇인가 ?

여기에 주어지는 것이다.

교사의 준비시작 : 기도

우리는 무엇을 하든지 그 일에 대한 충분한 준비를 하지 않으면 안된다. 주일학교 교사의 경우 기도는 모든 것의 첫걸음이다. 기도를 한다는 것은 그리스도인에게 주어진 특권이다. 기도를 통하여 하나님 아버지와 만나게 되고 교통하게 되며 우리의 사역에 대한 도우심을 구할 수 있다. 하나님께서는 우리가 기도하기를 바라시며 우리가 쉬지 말고 기도해야 할 것을 명령하셨다.

예루살렘의 초대교회는 사도들이 기도하는 것과 말씀 전하는 일에 전념할 수 있도록 하기 위하여 빈곤한 생활에 고생하는 사람들을 돌볼 수 있는 사람을 택하라고 했다. 루터도 자신의 기도경험에서 기도의 가치를 통감하여 진실한 기도는 어떤 일의 절반은 이루어진 것을 의미한다고 하였다. 주일학교 교사는 자신을 위해서가 아니라 먼저 학생들을 위하여 기도하지 않으면 진실한 기독교 교육을 할 수 없다. 교사의 가르침이 효과 있는 것이 되고 학생들이 그것을 받아들이는 자세를 가지려면 하나님께서 교사와 학생들에게 새로운 힘을 주셔야만 한다. 그러기에 교사는 모든 교육적 사역을 준비하기 전에 마음을 모두어 하늘 보좌에 계신 하나님께 기도하여야 한다.

교사와 기도의 중요성

토레이(R. A. Torrey)는 그의 저서에서 기도의 절대성에 대하여 기록하고 있다. "많은 주일학교 교사들이 질문을 한다. '나의 주일학교 학급에는 회심하는 학생들이 왜 이렇게 적을까?' 이 질문에 하나님은 대답하신다. '그대가 기도를 게을리한 때문이다. 너희가

얻지 못함은 구하지 아니하기 때문'이라고 하신다." 모든 교사들에게
자신의 기도 생활을 반성케 해주는 지적이 아닐 수 없다.

교사는 교과의 자료를 수집하는 그 모든 일보다 기도하는 일이
앞서야 한다. 교사는 무엇보다도 먼저 골방으로 들어가야 한다.
여기의 골방은 단지 홀로 있는 곳을 말하지 않는다. 왜 교사는 골
방으로 들어가야 하는가? 기도하기 위해서이다. "너는 기도할 때에
네 골방에 들어가 문을 닫고 은밀한 중에 계신 네 아버지께 기도하라.
은밀한 중에 보시는 네 아버지께서 갚으시리라"(마 6 : 6). 교사의
일은 단순히 지식을 전달하는 것이 아니다. 하나님의 사람으로 즉
온전한 사람이 되어 하나님 앞에 설 수 있도록 일하는 사람이 바로
교사이다. 하나님의 일이, 하나님께서 보실 때에 합당하게 이루어
지기 위해 교사는 기도해야 한다.

우리의 기도는 쥬크(Roy B. Zuck)의 설명처럼 "하나님의 장중에
붙잡힌 효과적인 도구"가 되도록 해야 한다. 따라서 하나님의 영에
굴복하고, 그에 의하여 충만함을 받도록 기도해야 한다. 이스라엘의
지도자 모세는 백성들 앞에 서기 전에 사십 주야를 기도하였고,
포로생활 가운데서 다니엘은 생명을 내어걸고 하루 세 번씩 예루
살렘을 향하여 무릎을 꿇고 기도하였다. 예수님의 제자 베드로와
요한도 시간을 정하여 놓고 기도하였다. 기도를 간과하거나 기도를
소홀히 하는 것은 교사에게 치명적인 것이 된다. 교사와 기도의
문제는 생명과 직결된 문제이다. 교사 자신의 생명의 문제요, 내가
맡은 바 영혼들의 생명의 문제요, 교사 사역의 생명 문제이다. 더
나아가서 하나님 나라의 생명 문제이다. 만일 기도없이도 주일학교
교사의 사명을 감당할 수 있다고 생각하는 교사가 있다면 그는 이미
생명력 있는 사역을 사실상 포기한 사람과 같다. 교사와 기도의

주일학교 교사의 자원은 무엇인가?

관계는 상대적 관계가 아니라 절대적 관계이다.

교사들이여! 기도를 가볍게 취급하지 말라. 당신이 교사로서 기도를 가볍게 여기는 만큼 당신의 사역은 영에 속한 작업이 아니라 육에 속한 일이 되고 만다. 당신의 학생들을 사랑하는 만큼 기도하라.

교사의 중보기도

교사에게는 기도해야만 될 특수한 일들이 있다. 교사는 자기반의 학생들을 위하여 기도해야만 한다. 교사는 자신이 맡은 학생들을 위하여 중보기도를 해야만 한다. 그들의 구원을 위하여, 신앙으로 바른 삶을 살아가도록 기도해야 하며, 죄에서 떠나도록 하기 위해 기도해야 한다. 그들이 하나님께 헌신하며 하나님께 크게 쓰임받게 되기를 위해서 기도해야 한다.

성경은 중보기도의 힘이 얼마나 큰 것인가를 보여준다. 아브라함의 중보기도는 조카 롯과 그의 가족을 소돔과 고모라의 심판 가운데서 구원해 낼 수 있었다(창 18 : 16-32). 이스라엘의 지도자 모세의 기도는 우상 앞에 범죄함으로 죽임을 당해야만 했던 전 이스라엘 백성들의 멸망을 면하게 하는 것이었다(출 32 : 30-32). 교사의 중보기도는 맡은 바 영혼들을 구원하며 바른 신앙의 길로 인도하는 첩경이 될 수 있다.

교사 자신을 위한 기도

예수님의 제자들을 두고 생각해 보면 교사가 자신의 직분을 위하여 얼마나 기도해야 할 것인가를 깨닫게 된다. 예수님의 제자들은 어떤 사람들이었는가? 그들은 예수님으로부터 직접 부름을 받았고 자기와 함께 있게 하시고 세상에 나아가 전도하며 권능있게 하려고 불러낸 사람들이다. "또 산에 오르사 자기의 원하는 자들을 부르시니 나아온지라. 이에 열둘을 세우셨으니 이는 자기와 함께 있게 하시고 또 보내사 전도도 하며 귀신을 내어쫓는 권세도 있게 하려 하심이러라"(막 3 : 13-15). 친히 부르신 제자들을 예수님은 함께 있게 하시며 훈련을 하셨던 것이다. 그러나 그들은 실수투성이였고 믿을 만한 일들을 하지 못했고 능력이 없었으며 마지막에는 예수님을 버리고 도망갔던 사람들이다. 그러나 예수님은 그들을 끝까지 포기하지 않으셨다. 죽은 지 사흘만에 다시 살아나시고 40일 동안 사람들에게 보이셨으며 감람원이라 하는 산에서 승천하셨다. 제자들이 감람원이라 하는 산으로부터 예루살렘에 돌아왔다. 그들은 함께 모여서 무엇을 하였는가? "들어가 저희 유하는 다락에 올라가니 베드로, 요한, 야고보, 안드레와 빌립, 도마와 바돌로매, 마태와 및 알패오의 아들 야고보, 셀롯인 시몬, 야고보의 아들 유다가 다 거기 있어 여자들과 예수의 모친 마리아와 예수의 아우들로 더불어 마음을 같이하여 전혀 기도에 힘쓰니라. 모인 무리의 수가 한 일백 이십 명이나 되더라"(행 1 : 13-15).

제자들은 예루살렘을 떠나지 않고 함께 모였다. 예수님께 들은 바 아버지의 약속하신 것, 즉 성령을 기다리며 마음을 같이하여 전혀 기도에 힘썼다. 바로 그 기도가 그들을 변화시켰고 능력있는 제자들로 만들었다. 그 결과 그들은 능력자들이 되었고 세상이 감당할 수 없을 만큼의 큰 사람이 될 수 있었다.

기도하기 이전의 제자들은 말씀을 전파하고, 교회를 세우며 성경을 기록할 사명을 감당하여야 했지만 전혀 그런 사람들로 보여지지 않았다. 하지만 예루살렘의 마가 다락방에서 기도하면서 아버지의 약속하신 성령을 오순절날 받은 그들은 받은 바 사명을 감당하기에

●
주일학교 교사의 자원은 무엇인가?

충분한 능력자들이 되었고 또 그 사명을 훌륭하게 감당하였다. 약속을 굳게 믿고 기도를 통하여 받은 능력 때문이었다.

마태복음 17장에 보면 예수님은 어느날 베드로, 야고보, 요한만을 데리시고 높은 산에 오르셨다. 그때 예수님의 세 제자들이 보는 앞에서 변형되시사 그 얼굴이 해같이 빛나며 옷이 빛과 같이 희어졌다. 그때에 모세와 엘리야가 예수님과 더불어 말씀하시는 것이 세 제자들의 눈에 보여졌다. 두려움에 가득찬 제자들 가운데 베드로가 예수님께 여쭙기를 "주여 우리가 여기 있는 것이 좋습니다. 주께서 만일 원하시면 내가 여기서 초막 셋을 짓겠습니다. 그 중에 하나는 주님을 위한 것이요, 하나는 모세를 위한 것이요, 다른 하나는 엘리야를 위하여 하겠습니다" 하였다. 이 말을 할 때에 홀연히 빛난 구름이 저희를 덮으며 구름 속에서 소리가 들려왔다. "이는 내 사랑하는 아들이요 내 기뻐하는 자니 너희는 저희 말을 들으라."

이렇게 영광스러운 모습이 산 위에서 펼쳐지고 있을 바로 그 때에 산 아래 남아있던 다른 제자들에게는 무슨 일이 일어나고 있었는가? 한 아이의 아버지가 자기의 아들을 데리고 예수님께 왔으나 예수님은 보이지 아니하였고 제자들만 있었다. 그 아들은 간질로 심히 고생하고 있었고 자주 불과 물에 넘어지기를 잘하였다. 예수님의 제자들에게 데려왔으나 능히 고치지를 못하였다. 예수님은 제자들을 보시며 "가라사대 믿음이 없고 패역한 세대여 내가 얼마나 너희와 함께 있으며 얼마나 너희를 참으리요 그를 이리로 데려오라" 하시고 귀신을 꾸짖으시니 귀신이 나가고 그 아이는 온전하여졌다. 이 일이 있은 후 제자들이 조용한 시간에 예수님께 물었다. "우리는 어찌하여 쫓아내지 못하였나이까?" 예수님은 두 가지의 답을 주셨다. 첫째는 "너희 믿음이 적은 연고니라"고 하였다. 그리고 둘째는 "(어떤 사본에)기도와 금식이 아니면 이런 유가 나가지 아니하느니라"(마 17 : 21). "이르시되 기도 외에 다른 것으로는 이런 유가 나갈 수 없느니라"(막 9 : 29).

믿음이 없고 패역한 세대라고 책망을 받았던 제자들이었지만 마가의 다락방에 모여서 기도하며 오순절날(행 2장)을 맞이한 이후에는 전연 다른 사람으로 변하였다. "오직 성령이 너희에게 임하시면 권능을 받고"(행 1 : 8)라는 말씀처럼 그들은 권능있는 사람들이 되었다. 사도행전 2장의 베드로의 설교는 많은 심령들을 향하여 파고들었으며 마음에 찔림을 주었다. 각각 자기들의 죄를 회개하며 세례를 받고 제자가 된 사람들이 120명으로 시작하여 삼천, 오천, 점점 더 많아져 셀 수 없을 만큼 많아졌다. 사도행전 3장을 보면 베드로와 요한이 성전 미문의 앉은뱅이를 나사렛 예수의 이름으로 명령할 때에 그가 뛰어서서 걸으며 사람들과 함께 감격스럽게 성전으로 들어가며 하나님께 찬미하는 것이 나타나 있다.

사도행전 5장에 사람들이 병든 사람들을 데려다가 거리에 뉘어 놓는 일까지 생겨났다. 왜 그렇게 하였는가? "심지어 병든 사람을 메고 거리에 나가 침대와 요 위에 뉘이고 베드로가 지날 때에 혹 그 그림자라도 뉘게 덮일까 바라고 예루살렘 근읍 허다한 사람들도 모여 병든 사람과 더러운 귀신에게 괴로움 받는 사람을 데리고 와서 다 나음을 얻으니라"(행 5 : 15-16).

교사는 적어도 영혼을 구원해 내야 할 사람이며 영적인 전쟁의 최일선에 서 있는 사람들이다. 우는 사자와 같이 삼킬 자를 두루 찾아 다니는 사단과의 영적인 전투에서 전쟁을 수행하는 사람들이다. 영적 전쟁의 선봉대로 나서기 위하여 해야 할 일이 무엇이겠는가? 육체의 연습인가, 아니면 전쟁 무기 다루는 기술을 연마할 것인가?

주일학교 교사의 자원은 무엇인가?

영적인 전쟁에 나아갈 때 이미 언급한 연습은 약간의 유익을 줄 수는 있으나 범사에 유익한 것은 아니다. 무엇이 범사에 유익한가? 바울은 믿음의 아들이요 동역자인 디모데에게 편지하면서 말씀하고 있다.

"네가 이것으로 형제를 깨우치면 그리스도 예수의 선한 일꾼이 되어 믿음의 말씀과 네가 좋은 선한 교훈으로 양육을 받으리라. 망령되고 허탄한 신화를 버리고 오직 경건에 이르기를 연습하라. 육체의 연습은 약간의 유익이 있으나 경건은 범사에 유익하니 금생과 내생에 약속이 있느니라"(딤전 4 : 6-8).

경건의 연습과 아울러 큰 권능을 받아 큰 은혜를 끼치는 자들이 되어야 한다. "사도들이 큰 권능으로 주 예수의 부활을 증거하니 무리가 큰 은혜를 얻어"(행 4 : 33). 무리들이 큰 은혜를 얻을 수 있는 근거는 무엇인가? 주 예수의 부활을 증거하는 사도들이 큰 권능으로 전하였기 때문이다. 말하자면 큰 권능으로 증거하였기에 큰 은혜를 받았지, 그렇지 않고 작은 권능이나 또는 권능 없이 증거했다면 무리가 받은 은혜도 각각 그 권능의 정도에 비례했을 것이다. 교사가 영혼을 구원하고 양육하는 데 필요한 것은 큰 권능을 힘입는 것이다.

큰 권능을 힘입는 방법은 기도이다. 하나님의 권능이 크게 임한 사람이란 많이 기도하는 사람이다. 영국의 선교사로서 아프리카의 아버지로 불리우고 있는 리빙스턴이 동역자들과 더불어 철야 기도를 한 다음날, 1630년 6월 20일. 얼마나 능력있는 설교를 하였던지 그의 설교를 들은 청중 가운데 500여명이란 수가 예수 그리스도를 영접하기로 결심하게 되었다.

우리가 기도의 유력한 사람이 되려면 넉넉한 시간으로 하나님을 모시고 지낼 필요가 있다. 유력한 이들은 다 오랜 시간 동안 하나님을 모시고 기도한 사람들이다. 영국의 신학자 챨스 시메언은 매일 오전 네 시부터 여덟 시까지 하나님 앞에 기도하는 시간을 가졌다. 에즈베리 감독은 말하기를 "나는 가급적 새벽 네 시에 일어나서 두 시간을 기도하려고 한다"고 하였다. 영국의 신학자 S. 러더포드는 새벽 세 시에 일어나 하나님을 만났다고 하였다. 영국의 앨린 목사는 새벽 네 시부터 여덟 시까지 기도하였다. 그는 자기보다 먼저 일어나서 일하러 나가는 사람을 보면 "당신의 주인을 위하는 열심이 나의 주인을 위하는 열심보다 낫다"고 하면서 부끄럽게 여겼다고 한다. 존 웰치 목사는 혹시 그 날에 여덟 시간을 기도하지 못하면 그날 시간은 잘못 쓴 것으로 알고 유감으로 생각하였다. 그의 애써 기도함을 보는 그 부인이 어떤 날은 나무랐다. 그때 그는 대답하기를 "내가 맡은 삼천 명의 생명을 위하여 이렇게 기도하지 않으면 안 된다"라고 하였다. 큰 권능을 얻기 위하여 힘쓰고 애써서 기도해야만 한다. 기도와 금식 외에 다른 것으로는 이런 유(능력)가 나가지 아니하리라는 예수님의 말씀처럼 기도해야 한다. 친히 밤을 지새우시며 기도하시고 오히려 새벽 미명에 그리고 먹을 틈을 타서라도 기도하셨던 예수님처럼 우리도 기도해야 한다.

교사들이여! 내게 맡겨주신 영혼들을 위하여 얼마의 땀과 눈물을 흘려보았는가? 얼마나 하나님 앞에 엎드려 기도해 보았는가? 농부가 봄에 씨를 뿌리지 아니하고 여름에 거름을 주고 김을 매는 수고가 없이 가을에 추수할 열매를 구하는 것은 어불성설이듯 영혼을 맡은 교사로서 맡은 바 양무리를 위하여 땀과 눈물을 흘리지 아니하고 기쁨의 열매를 따겠다는 것은 어불성설이다.

"눈물을 흘리며 씨를 뿌리는 자는 기쁨으로 거두리로다. 울며

주일학교 교사의 자원은 무엇인가?

씨를 뿌리러 나가는 자는 기쁨으로 그 단을 가지고 돌아오리로다"
(시 126 : 5-6).

성령

교육에서의 성령의 역할

왜 기독교 교육에서 성령이 필요한가? 기독교 교육은 교육의
영역 가운데서도 매우 독특한 것이다. 주된 재료는 하나님의 감동
으로 쓰여진 성경이고 그 목표는 영적인 변화이며 영적인 동력은
성령님의 역사하심이기 때문이다. 기독교의 영역 안에서 가르치고
배우는 과정에 성령님께서 무슨 영향을 끼칠 수 있겠는가?

첫째, 기독교 교육에 있어서 성령이 필요한 이유는 그리스도인
교사들이 하나님의 힘주심을 필요로 한다는 것이다. 교사들이 영적인
임무를 수행하기 위해서는 영적인 능력이 반드시 필요하다. 성령께
의지함이 없이 자기 자신의 힘만으로 주님을 섬기고자 하는 것은
아무 쓸모가 없는 것이다.

둘째, 가르치고 배우는 과정에서 성령은 하나님의 말씀을 학생들의
삶에 효과적인 것으로 만든다. 성경 지식과 영적 진리에 대한 이해도
꼭 필요한 것이지만 그 자체로서 영적인 변화나 성숙을 보장하여
주지는 않는다. 말씀을 들었다고 해서 누구나가 믿고 반응하는 것은
아니다.

"(유대인들이 에워싸고 질문할 때에)예수께서 대답하시되 내가
너희에게 말하였으되 믿지 아니하는도다. 내가 내 아버지의 이름으로
행하는 일들이 나를 증거하는 것이어늘 너희가 내 양이 아니므로
믿지 아니하는도다"(요 10 : 25-26). "사람이 내 말을 듣고 지키지

아니할지라도 내가 저를 심판하지 아니하노라. 내가 온 것은 세상을 심판하려 함이 아니요 세상을 구원하려 함이로다. 나를 저버리고 내 말을 받지 아니하는 자를 심판할 이가 있으니 곧 나의 한 그 말이 마지막 날에 저를 심판하리라"(요 12 : 47-48).

하나님의 말씀이 새 사람이 되게 하실 때 성령님은 영적으로 눈먼 상태를 제거하고 영생을 주기 위하여 반드시 거기 계셔야만 한다. "그러므로 내가 너희에게 알게 하노니 하나님의 영으로 말하는 자는 누구든지 예수를 저주할 자라 하지 않고 또 성령으로 아니하고는 누구든지 예수를 주시라 할 수 없느니라"(고전 12 : 3). 이러한 사실은 라오디게아 교회에 보내는 편지에서도 나타나 있다. "네가 말하기를 나는 부자라 부요하여 부족한 것이 없다 하나 네 곤고한 것과 가련한 것과 가난한 것과 눈 먼 것과 벌거벗은 것을 알지 못하도다. 내가 너를 권하노니 내게서 불로 연단한 금을 사서 부요하게 하고 흰 옷을 사서 입어 벌거벗은 수치를 보이지 않게 하고 안약을 사서 눈에 발라 보게 하라"(계 3 : 17-18).

그리스도인들은 말씀과 성령님의 사역에 대하여 열린 마음을 가지고 있어야 한다. 말씀은 신자들의 삶에 대하여 성령님과 같은 일을 하신다. "주의 사랑하시는 형제들아 우리가 항상 너희를 위하여 마땅히 하나님께 감사할 것은 하나님이 처음부터 너희를 택하사 성령의 거룩하게 하심과 진리를 믿음으로 구원을 얻게 하심이니"(살후 2 : 13). "곧 ·하나님 아버지의 미리 아심을 따라 성령의 거룩하게 하심으로 순종함과 예수 그리스도의 피 뿌림을 얻기 위하여 택하심을 입은 자들에게 편지하노니 은혜와 평강이 더욱 많을지어다"(벧전 1 : 2).

글로 쓰여진 하나님의 말씀이 그리스도인들의 삶에서 효과를

주일학교 교사의 자원은 무엇인가?

나타내기 위해서 성령님의 사역이 필수적이다. 변화된 삶은 말씀과 성령님 모두를 필요로 한다. 기독교 교육은 영적으로 변화된 삶을 살게 하는 데 초점을 맞추고 있으므로 가르치고 배우는 과정에는 성령과 하나님 말씀 모두가 필요한 것이다.

교사와 성령의 인도

교사가 다루는 것은 근본적으로 성경이다. 사도들에 따르면 성경은 하나님의 감동으로 되어진 책이다. 성경은 적어도 1600여년 동안 40여명의 기록자들에 의하여 기록되었지만 궁극적으로는 하나님의 감동에 의하여 쓰여진 책이다. "모든 성경은 하나님의 감동으로 된 것으로"(딤후 3 : 16). "예언은 언제든지 사람의 뜻으로 낸 것이 아니요 오직 성령의 감동하심을 입은 사람들이 하나님께 받아 말한 것임이니라"(벧후 1 : 21). "또 내가 들으니 하늘에서 음성이 나서 가로되 기록하라. 자금 이후로 주 안에서 죽는 자들은 복이 있도다"(계 14 : 13).

성경은 인간의 언어로 쓰여졌지만 거기에는 '하나님의 감동'이 내재되어 있다. 교사는 성경을 다룸에 있어서 성령의 인도를 받아야만 한다. 교사는 자신의 이성과 지식의 눈으로 성경을 읽고 이해해서는 안된다. 성령의 가르침으로 말씀의 한 구절과 각각의 낱말을 깨달을 수 있기 때문이다. 그러므로 성령의 친히 가르치심이 없이 성경을 이해하는 것은 불가능한 일이다. 교사는 성령의 인도로 성경을 깨달을 뿐만 아니라 성령의 가르치심을 받은 그대로 학생들에게 가르쳐야 한다. 이러한 면에서 바울 사도는 위대한 모범을 보였다. "이와 같이 하나님의 사정도 하나님의 영 외에는 아무도 알지 못하느니라"(고전 2 : 11). "우리가 이것을 말하거니와 사람의

●

지혜의 가르친 말로 아니하고 오직 성령의 가르치신 것으로 하니"
(고전 2 : 13). 성령은 기독교 교육의 한 요소일 뿐만 아니라 원
동력이다. 이 사실을 깨달은 메릴 엉거는 "하나님의 말씀을 가르
치려는 이들에게 영적인 것보다 더 중요한 것은 없다. 말씀을 감
동하신 분만이 그 말씀의 뜻을 그 말씀을 가르치는 자에게 밝히
알려 줄 수 있다"고 하였다.

교사와 성령의 조명

조명이란 밝게 비춘다는 것으로 성령은 교육과 관련하여 '영적
으로 깨닫게' 한다. 성령의 조명 사역이 없이는 성경의 깊은 뜻을
통달할 수 없다.

성경의 본문을 이해하고 그 말씀에서 그리스도의 구원을 발견하여
학생들에게 그리스도를 만나도록 해야 하는 교사는 그 어떤 사람
보다도 성령의 조명을 받아야 한다. 사람은 죄로 말미암아 총명이
어두워졌으며(엡 4 : 18) 그 결과 하나님의 계시(일반 계시인 자연,
특별 계시인 성경 모두다)를 제대로 이해할 수 없게 되었다. 칼빈은
죄를 지은 사람들의 상태를 이렇게 비유하였다. "하나님의 말씀은
그 말씀이 전달되는 모든 자들에게 비치는 해와 같다. 그러나 햇빛이
맹인들에게는 아무런 유익도 끼치지 못한다. 이것과 관련해서 우리도
본질적으로는 맹인들이다. 그러므로 성경은 내적인 교사가 되시는
성령께서 그의 조명을 통해 길을 열어 주셔야 한다. 만일 그렇지
않으면 우리의 마음을 뚫고 들어올 수 없다."

이스라엘의 선생이었던 니고데모는 예수님께서 거듭남의 비밀을
말씀할 때에 잘 알아들을 수가 없었다. "내가 네게 거듭나야 하겠
다하는 말을 기이히 여기지 말라. 바람이 임의로 불매 네가 그

주일학교 교사의 자원은 무엇인가?

소리를 들어도 어디서 오며 어디로 가는지 알지 못하나니 성령으로 난 사람은 다 이러하니라. 니고데모가 대답하여 가로되 어찌 이러한 일이 있을 수 있나이까. 예수께서 가라사대 너는 이스라엘의 선생으로서 이러한 일을 알지 못하느냐"(요 3 : 7-10).

성령의 조명이란 마음 눈이 밝아져 성경을 깨닫게 하는 일이다. 더 나아가 성령의 조명사역은 우리로 하여금 진리를 깨닫는 동시에 자신의 삶에 적용할 수 있게 하신다. 다시 말해서 이해된 진리를 받아들이게 하시는 것이다. 따라서 교사에게 있어서 성령의 조명사역은 성경의 뜻을 알도록 해주며 그 진리를 받아들일 수 있도록 하는 것이다. 교사는 다윗과 바울처럼 마음 눈이 밝아지기를 기도해야 한다. "내 눈을 열어서 주의 법의 기이한 것을 보게 하옵소서"(시 119 : 18), "우리 주 예수 그리스도의 하나님 영광의 아버지께서 지혜와 계시의 정신을 너희에게 주사 하나님을 알게 하시고 너희 마음 눈을 밝히사 그의 부르심의 소망이 무엇이며 성도 안에서 그 기업의 풍성이 무엇이며 그의 힘의 강력으로 역사하심을 따라 믿는 우리에게 베푸신 능력의 지극히 크심이 어떤 것을 너희로 알게 하시기를 구하노라"(엡 1 : 17-19)고 기도하여 성령의 조명에 의지해야 할 것이다.

성령님이 이끄시는 교육

기독교인 교사나 행정가들은 개인적인 경건의 시간을 제외하고는 가르치는 일이나 배우는 일에 있어서 성령님과 그 분의 역사하심에 거의 의존하지 않는 경향이 있다. 현재 우리가 쓰고 있는 교육의 기본구조는(학교 교육 또는 학교 교육의 형태를 빌려온 교회교육을 포함) 하나님을 찾아볼 수도 없으며 그 분을 향한 아무런 필요도

성장하는 주일학교는 이런 교사를 원한다

느끼지 못하는 세상적이고 인본주의적인 모델을 그대로 빌려온 것이다. 이러한 성령님과 기독교 교육의 결별이 어떻게 생겨났는가? 근대의 인본주의 교육가들은 인생에 대한 하나님의 관점과 상관 없이 또 성령님의 능력과 상관 없이 진리를 알 수 있다고 생각한다. 이러한 생각은 많은 기독교 교육가들의 사고 과정과 계획에까지 영향을 미치게 되었다.

성경은 성령을 진리의 성령이라고 부르고 있다(요 16 : 13). 사도들을 모든 진리 가운데로 '인도하시는 분'은 성령이다. 분명하게 이 말씀으로부터 성령의 관심은 교육적이라는 것을 알 수 있다. 성령은 명백하게 진리(지식 이상의 것인)의 전달에 관여한다.

진정한 기독교 교육은 영적 삶의 성장이라고 할 수 있는 성화와 밀접하게 관련되어 있다. 이 교육은 지혜로 이끄는 회개와 믿음에 의존하고 있다. 성령님의 역사하심을 통해 삶 전체를 영적인 것으로 만드는 그러한 교육인 것이다. 다시 말해 기독교 교육은 모든 사실의 올바른 인식과 관계를 위해 성경에 대한 조명하심과 적용하심, 삶의 모든 면에서 성경적 진리에 따라 살게 하시는 성령님의 역동적인 힘에 의존하는 것이다.

성령의 교육적 목표는 단지 지식의 습득이 아니다. 진리의 습득도 아니다. 성령은 그 진리를 가지고 행해지는 것과 그 진리가 하는 것에 대해 관심을 쏟으신다. 성령의 교육적 목적은 변화된 삶이다. 이러한 강조점은 교육에 관한 위대한 구절인 마태복음 28 : 18-20 에서 가장 명백하게 드러난다. "예수께서 나아와 일러 가라사대 하늘과 땅의 모든 권세를 내게 주셨으니 그러므로 너희는 가서 모든 족속으로 제자를 삼아 아버지와 아들과 성령의 이름으로 세례를 주고 내가 너희에게 분부한 모든 것을 가르쳐 지키게 하라. 볼지어다.

주일학교 교사의 자원은 무엇인가?

내가 세상 끝날까지 너희와 항상 함께 있으리라 하시니라."

보통 이 구절은 지상 명령이라고 부른다. 물론 사실이다. 그러나 전도 또는 선교를 지나치게 강조한 나머지 이 구절이 가지고 있는 교육적 토대가 무너지거나 왜곡되어서는 안된다. 우리가 관심을 가져야 할 표현은 "내가 너희에게 분부한 모든 것을 가르쳐 지키게 하라"는 말씀이다. 예수님의 명령을 지키며 순종하는 것이 성령의 교육적 목표인 것이다.

교사의 가르치는 일과 성령의 사역

어떤 교사들은 의식적이든 무의식적이든 성령님의 역사하심을 무시한다. 때로 고도의 교육이론, 프로그램, 개인의 차이, 교육 환경, 잘 정돈된 교육 목표 및 학습 목적, 학습방법 등에 너무 집착한 나머지 성령의 도움 없이 일을 해 나가려는 경향이 있다. 이것은 인간의 타락성을 간과한 처사이며 성령께서 기독교 교육의 목표를 이룰 수 있다는 사실을 인식하지 못한 소치이다.

다른 한편 어떤 교사들은 성령님의 사역을 극대화한 나머지 교사의 역할을 도외시 하는 것을 볼 수 있다. 이러한 사람들은 교사의 연구와 준비가 육적인 일이므로 신령한 것의 적이며 성령님의 역사와 상충되고 그 뜻을 거스리는 것이라고 주장한다. 그러나 가르치는 과정에서 성령님의 역할이 중요하다는 것이 곧 교사의 준비와 연구를 필요로 하지 않는다는 뜻은 아니다.

교사가 가르치는 일은 하나님과 사람이 함께 하는 과정이다. 즉 성령님과 교사를 같이 엮어서 포함하는 사역이기 때문에 교사의 연구와 준비는 그를 더 나은 도구로 만들어 준다. 사람인 교사들은 진리를 말로 전달하고 모범을 보인다. 성령님께서는 교사들에게

성장하는 주일학교는 이런 교사를 원한다

인도하심과 능력과 조명과 통찰력을 주신다. 사람인 교사의 노력과 성령님의 관계는 고린도서에서 잘 나타난다. 고린도전서 2장에 바울 사도는 그의 전하는 말이 단지 사람의 웅변과 지혜나 권하는 말로써 전해지는 것이 아니라 내적인 영적 능력으로 전해지는 것이라고 썼다(1, 4절). 바울 사도는 하나님의 지혜의 메시지를 전하는 일을 하였지만 성령님은 하나님의 지혜를 바울 사도에게 알게 하시며(12절), 하나님의 마음이 무엇인지를 알게 하시는 일을 하셨다(16절). 바울 사도는 성령의 가르치신 것으로 말하였다(13절). 고린도전서 3 : 6은 교사의 연구와 준비 그리고 성령님의 관계가 어떤 것인가를 명확하게 보여준다. "나는 심었고 아볼로는 물을 주었으되 오직 하나님은 자라나게 하셨나니."

참고도서

- 권영섭, 교사지침서, 한국어린이전도협회, 1986. pp. 15-24.
- 교사의 벗, 교회교육 현장백과 3, 말씀과 만남, 1994. pp. 172-178.
- 한치호, 공과교수법, 늘빛출판사, 1990. pp. 37-57.
- 한치호, 주일학교 교사 핸드북, 기독교문서선교회, 1991. pp. 100-103.
- 브루스 윌킨스, 마음을 여는 가르침 상, 정 현 역, 디모데, 1994. pp. 113-116, 235, 268-272, 277-278
- 데이빗 E. 젠킨스, 어린이 이해와 기독교 교육, 윤형복 역, 엠마오, 1987. pp. 20-21.

성장하는 주일학교는 이런 교사를 원한다

7장

주님이 기뻐하시는 교사가 됩시다(17

- 주일학교 교사의 자세

"교회 교육은 지식 전달이 아니라 생활에 감화를 주어 영향을 끼쳐야 한다."

— 마틴 루터

"학습에 영향을 주는 가장 중요한 요소는 교사의 생활과 인격이다."

— 핀들리 에지

주일학교 교사는 어떤 자세로 임해야 하는가? 21세기는 과거 어느 때보다도 모든 것이 발달되고 발전되는 시기이다. 발달과 발전이 좋은 면도 많지만 어두운 면도 간과할 수 없다. 죄악이 그 어느 때보다도 더 극심하여질 것이기 때문이다.

이러한 시대에 영혼을 맡은 주일학교 교사의 자세는 어떠해야 하는가? 교육에 임하는 교사의 자세는 분명히 과거와 같아서는 안된다. 시대를 바르게 분별하고 이 시대에 맞는 또 하나님의 마음에 합한 교사가 되어야 한다.

생활에 본이 되는 교사가 되라.

오늘 이 시대의 특징을 한 가지 들면 그것은 이론보다 실천이 강력하게 요구되는 시대라는 것이다. 교육에 있어서 그것은 더욱 현저한 일이다. 본을 보이지 못하는 교사는 결함이 있는 자라고 할 수 있다. 교사로서의 본은 삶의 실천이며 행동의 본보기이다. 학생은 교사가 본을 보이며 가르치는 이상을 배울 수 없다. 성경이나 기독교 진리를 배우고 가르치는 일은 단지 객관적인 지식을 갖는 데 있지 않다. 객관적인 지식이 중요하기는 하나 최종적인 목표는 아니다.

진리를 안다(to know)는 것은 진리에로 나 자신을 개방하는 일이요 또 진리에 순종하는 것을 의미한다. 그러므로 교사의 관심은 가르치는 일에 못지 않게 학생들이 하나님의 말씀에 어떻게 반응하느냐에 두어야 한다. 그러나 지금까지의 교육현장에서 후자는 많이 강조되지 못한 것이 현실이다. 뿐만 아니라 하나님의 말씀을 가르치는 교사로서의 품위나 진리를 보여주는 교사의 삶이 고려되지

주님이 기뻐하시는 교사가 됩시다(Ⅰ)

않고 있다. 그러나 교사는 성경지식을 가르칠 뿐만 아니라 기독교인의 삶을 전수하는 사람이다.

마틴 루터(M. Luther)는 말하기를 "교회 교육은 지식 전달이 아니라 생활에 감화를 주어 영향을 끼쳐야 한다"고 하였고, 핀들리 에지(Findley B. Edge)는 "학습에 영향을 주는 가장 중요한 요소는 교사의 생활과 인격이다"라고 하였다. 교사의 생활과 행동의 모범은 가장 좋은 교수(教授) 방법이다.

교사의 직분을 감당함에 있어서 오해하기 쉬운 부분이 있다. 그것은 교사 자신이 '하나님 앞에서 어떤 존재가 되어야 하는가' 보다 '무엇을 해야 할까' 하는 방법론에만 치중한다는 사실이다. 무엇보다 하나님 앞에서 요구되는 것은 무엇을 할까(to do)보다는 어떤 모습으로 하나님 앞에 서야 하는가(to be) 하는 점이다.

가르치고 가르침 받는 과정에서 학생들은 교사의 생활 방식 및 행동의 일체를 본보는 데서 실제적인 그리스도인의 삶의 통찰력을 얻는다. 맹자의 어머니가 아들의 교육을 위하여 세 번씩이나 이사 했다는 사실은 실로 시사하는 바가 크다. 교사가 본을 보인다고 하는 것은 효과있는 가르침의 요점이 된다. 바울 사도는 서신들 가운데 다음과 같이 권면하고 있다.

고린도 교회에 보내는 편지에서 "내가 그리스도를 본받는 자가 된 것같이 너희는 나를 본받으라"(고전 11 : 1)고 하였다. 빌립보 교회에 보내는 편지에서 "형제들아 너희는 함께 나를 본받으라. 또 우리로 본을 삼은 것같이 그대로 행하는 자들을 보이라"(빌 3 : 17) 고 하였다. 또 디모데에게 이르기를 "말과 행실과 사랑과 믿음과 정절에 대하여 믿는 자에게 본이 되라"(딤전 4 : 12)고 권면하였고, 그 자신이 먼저 그렇게 삶을 살았다. 데살로니가 교인들은 바울 사도를 통하여 기독교 신앙에 대하여 배웠을 뿐만 아니라 그의 삶의 본을 통해서 또한 많은 것을 본받고 배우게 되었다. "이는 우리 복음이 말로만 너희에게 이른 것이 아니라 오직 능력과 성령과 큰 확신으로 된 것이니 우리가 너희 가운데서 너희를 위하여 어떠한 사람이 된 것은 너희 아는 바와 같으니라"(살전 1 : 5). "우리에게 권리가 없는 것이 아니요 오직 스스로 너희에게 본을 주어 우리를 본받게 하려 함이니라"(살후 3 : 9).

바울 사도는 그 자신이 교재가 되었다. 그의 가르침은 곧 그 자신이었다. 그는 예수님을 철저하게 본받았기에 자신 있게 "나를 본받으라"고 권면할 수 있었던 것이다. 이처럼 바울 사도의 성숙한 기독교적 삶은 여러 교회의 많은 성도들이 본을 받을 수 있는 좋은 신앙의 모델이 되었던 것이다.

교사에게 있어서 가르침의 힘은 어디서 비롯되는 것일까? 그것은 교사의 가르침이 곧 자신의 생활일 때 가능한 것이다. 왜냐하면 교육에서 의도적인 교육과정보다 무의식적인 교육과정의 영향이 더 크기 때문이다. 영국의 문호 세익스피어(Shakespeare)는 말하기를 "먼저 자신에게 진실하라. 자신이 진실치 못하면서 남이 자기에게 진실하기를 바라는 것은 어리석은 바람이다"라고 하였다. 교사가 진실하여야 진실한 학생을 키울 수 있다.

가령 신령과 진정으로 예배하라는 가르침에서 교사는 학생들에게 예배드리는 자세를 역설하기 보다 교사 자신이 먼저 예배 시간을 귀하게 여기고 심령과 진정으로 예배를 드리도록 해야 한다. 만일 교사가 단 한 번만이라도 예배의 감독자로 임한다면 신령과 진정으로 드리는 예배는 한 마디로 울리는 소리에 지나고 말 것이다. 교사는 자신의 생활을 통하여 산교육을 실시해야 한다.

주님이 기뻐하시는 교사가 됩시다(I)

말씀에 능통한 교사가 되라.

하나님의 창조 사역에 있어서 그의 말씀이 모든 방법이었다. 오늘도 하나님께서는 죽어있는 영혼들을 살리실 때 그의 말씀으로 '생명창조'의 사역을 수행하신다. 따라서 영혼을 살리는 일을 맡은 교사는 말씀을 자본으로 삼아야 한다.

만일 누구라도 성경을 소홀히 하고 인간적인 방법이나 사람의 마음을 회유함으로써 학생들을 양육하려 한다면 그것은 도리어 멸망을 초래할 뿐이라는 사실을 기억해야 할 것이다. 다시 한 번 질문하여 보자. 교사는 왜 성경에 능해야 하는가? 그것은 교사의 중요한 사명 가운데 하나가 성경을 가르치는 것이기 때문이다. 마태복음 28 : 20에 "내가 너희에게 분부한 모든 것을 가르쳐 지키게 하라"고 하셨다. 예수님께서 분부한 모든 것은 무엇일까? 그것은 3년 동안 가르쳐 주신 예수님의 교훈이다. 예수님께서 분부한 모든 것, 즉 성경을 잘 가르치려면 교사는 무엇보다도 성경에 능통한 자가 되어야 한다. 헬라어의 교사란 폭넓은 지식의 전달자라는 의미를 가지고 있다. 성경 교사로 성경에 폭 넓은 지식을 가질 뿐만 아니라 능통하여야 한다.

교사 중의 교사이셨던 예수님은 성경에 대하여 어떠하셨는가? 금식 후에 마귀에게 시험을 받았을 때 '기록되었으되'라는 말씀을 여러 번 사용하시며 마귀의 시험을 이기셨다. 수차례의 서기관과 바리새인 등 다양한 사람들과의 변론 가운데도 구약의 말씀을 인용하여 말씀하셨다. 구체적인 실제 예들을 찾아보면 다음과 같다. 누가복음 2 : 46-47에 "그가 선생들 중에 앉으사 저희에게 듣기도 하시며 묻기도 하시니 듣는 자가 다 그 지혜와 대답을 기이히 여기더라”고 하였고, 또 누가복음 4 : 16-18에는 “성경을 읽으려고 서시매 선지자 이사야의 글을 드리거늘 책을 펴서 이렇게 기록된 데를 찾으시니”라고 하였다. 누가복음 24 : 27에 엠마오로 내려가는 두 제자에게 나타나셔서 그들에게 성경을 자세히 풀어주셨다. “이에 모세와 및 모든 성경에 쓴 바 자기에 관한 것을 자세히 설명하시니라.”

이상의 말씀들은 예수님 자신이 얼마나 성경에 능통하셨는가를 보여준다. 예수님은 성경의 대가였다. 결국 그는 구약성경으로부터 시작하여 자신의 죽음으로 완성되어질 구속사적 사건을 인출하여 사람들에게 가르치실 정도로 성경에 능통하였다. 마태복음 7 : 29에는 “그의 가르침이 권세 있는 자와 같고 저희 서기관과 같지 아니하였다”고 하였다.

교사는 그 무엇보다도 성경을 많이 읽고 성경을 바로 알아야 한다. 그리고 성경에 밝아야 한다. 성경 연구에 더욱 노력하는 교사가 되어야 한다.

한 영혼의 가치에 대한 깊은 인식을 가져라.

주일학교 교사가 교사로서의 임무에 임하기 전에 무엇보다도 영혼의 가치에 대한 깊은 인식이 있어야 한다. 학생들에게 지식만을 가르치는 것이 아니라 그들의 영적 생명을 일깨우는 일에 예수 그리스도의 동역자가 되어야 한다. 그렇게 하기 위하여 우리는 무엇보다도 한 영혼의 가치를 깨달아야 한다. “사람이 만일 온 천하를 얻고도 제 목숨을 잃으면 무엇이 유익하리요. 사람이 무엇을 주고 제 목숨을 바꾸겠느냐 ? ”(막 9 : 36, 37). 온 천하보다 훨씬 귀한

주님이 기뻐하시는 교사가 됩시다(I)

것이 한 영혼이다. 하나님께서는 천하보다 귀중한 한 영혼을 구원하시기 위해 하나 밖에 없는 독생자를 보내셨으며 십자가에 죽게 하셨다. 한 영혼이 돌아올 때의 기쁨을 누가복음 15장은 하늘에서 기뻐하고(7절), 하나님의 사자들 앞에 기쁨이 된다(10절)고 하셨다. 교사는 하나님께서 영혼을 사랑하신 그 이상으로 영혼을 사랑하고 보살펴야 한다.

생명력 있는 믿음을 가져라.

마태복음 28 : 19-20에 "가서 …가르치라"는 말씀에 근거하여 부모는 가정에서 하나님의 말씀을 가르쳐야 할 책임이 있고, 교회에서는 교사들이 성경을 가르쳐야 할 책임이 있다. 가르치는 책임을 감당하기 위해서는 그리스도인들이 생명력있는 믿음을 갖지 않으면 안된다. 자신은 그렇게 믿지도 않고 실천하지도 않으면서 다만 그리스도인이라는 사실 하나만으로 가르칠 수는 없는 것이다. 교사에게는 다음과 같은 믿음이 필수적이다.

첫째, 모든 교사는 개인적으로 하나님을 하늘에 계시는 아버지로 알아야 하며 자신이 지금 뿐만 아니라 영원토록 하나님의 자녀임을 알아야 한다. 그리고 교사는 이러한 진리를 알 뿐만 아니라 예수님을 자신의 구세주로 영접해야 한다.

둘째, 교사는 인류의 죄를 대속하기 위해 보냄을 받으신 하나님의 아들 예수 그리스도를 통하여 온 인류를 구원하고자 하는 하나님의 계획을 알고 있어야 한다. 그리고 가르치는 교사에게 더욱 중요한 것은 학생들의 이해 수준에 따라 구원의 소식을 전하는 전달 방법을 알고 있어야 한다는 것이다.

셋째, 교사는 예수 그리스도가 하나님의 독생자라는 사실과 성령께서 하나님의 일을 위해 역사하고 계심을 알아야 한다.

넷째, 교사는 성경이 하나님의 말씀인 것을 알고, 성경을 배우는 학생의 자세를 갖추어야 한다. 그는 먼저 이 땅에 있는 하나님의 자녀들의 모임인 교회의 한 구성원이어야 한다. 그리고 자신이 살아있는 믿음을 가지고 있음을 말과 행위를 통해 증거해야 한다.

충성된 청지기가 되라.

우리들이 충성된 청지기로서 사역자의 직분을 감당하기 위해서는 어떻게 해야 할 것인가?

첫째, 청지기의 본질을 알아야 한다. 교사는 청지기이다. 청지기인 교사는 자신이 담당하는 학생들은 물론이요, 주일학교에서 자라나고 있는 모든 학생들을 섬겨야 한다. 교사는 자기 반 어린이들의 청지기로서 학생들에게 풍족한 영의 양식을 나누어 주어야 하며, 세상에서 죄를 이기며 살도록 가르쳐 주어야 한다. 그들을 섬기라고 하나님께서 청지기직을 맡기신 것이다.

둘째, 책임감이 강한 사람이 되어야 한다. 예수님께서 말씀하셨던 달란트의 비유나 므나의 비유에 따르면 주인이 되돌아왔을 때에 회계(reckoning)하였다는 이야기가 있다. 이처럼 청지기의 주인이 되시는 하나님께서는 교사들을 회계하실 것이다. 그러므로 교사는 회계를 준비하면서 교회를 돌보아야 한다. 잘 하면 좋은 것이고 못해도 어쩔 수 없다는 식의 자세를 결단코 가져서는 안된다. 하나님은 교사 한 사람 한 사람에게 주일학교를 부탁하셨다. 따라서 어떤 직분이든지 교사는 자기의 책임을 가장 소중하게 여겨야 한다.

주님이 기뻐하시는 교사가 됩시다(Ⅰ)

그리스도의 좋은 군사가 되라.

교사의 일을 하다보면 '이제 그만두어야 겠다'는 생각이 들 때가 있다. 바울 사도는 디모데에게 편지하면서 예수의 좋은 군사가 되라 (딤후 2 : 3)고 하였다. 왜 군사에 비유를 하였을까 ? 그리스도인은 영적 전쟁을 수행하는 사람들이기 때문이다. 정사와 권세와 이 어두움의 세상 주관자들과 하늘에 있는 악한 영들과의 영적 전쟁을 하는 군사이다. 이제 우리에게 주어진 것은 좋은 군사가 되느냐 아니면 그렇지 못한 군사가 되느냐 이다. "군사로 다니는 자는 자기 생활에 얽매이는 자가 하나도 없나니 이는 군사로 모집한 자를 기쁘게 하려 함이라." 교사의 일은 자신이 봉사하고 싶어서 하는 일이 아니다.

우리가 지금 감당하고 있는 교사 직분은 하나님께서 자신을 위해 교회에 세우신 직분임을 주지한 바 있다. 그렇다면 시작하게 하신 이가 주님이시니 그 과정을 인도하시고 결과를 얻게 하실 이도 주님이 아니겠는가 ? 따라서 우리는 교사의 직분을 감당하기 위하여 전적으로 주님을 의지할 필요가 있다. 그 분만이 우리의 부족한 부분을 채우실 수 있기 때문이다. 오직 주님만 의지하라. 주일학교 교사의 직분은 기분에 의하여 좌우될 성질의 것이 아니다. 오로지 하나님께로부터 주어진 직분이다. 따라서 교사 직분의 주체는 내가 아니요 예수 그리스도라는 사실을 잊지 말아야 하겠다.

경건을 연습하는 교사가 되라.

바울 사도는 말하기를 그리스도께서 그리스도인들에게 각양의 직

성장하는 주일학교는 이런 교사를 원한다

분을 주시되 어떤 사람은 사도가 되게 하고 어떤 사람은 예언자 혹은 가르치는 교사가 되게 한 것이라고 했다.

그리스도께서 성도들에게 직분을 주신 것은 성도들을 온전하게 하며 봉사함으로 그리스도의 몸된 교회를 세우는 데 목적이 있다. 이러한 차원에서 교사는 자신이 먼저 신앙 인격이 온전하여 지도록 성령의 능력과 신실한 믿음과 경건한 행위를 가져야 한다. 주일학교 교사는 하나님의 자녀들을 양육하는 것이므로 경건생활에 모범을 보여줌으로 산교육을 해야 한다. 교사의 경건은 그의 평생에 힘써야 할 것이다.

사도 바울은 믿음의 아들이며 동역자가 된 디모데에게 "경건에 이르기를 연습하라"(딤전 4 : 7, 8)고 했다. 왜 육체의 연습보다 경건에 이르기를 연습해야 했을까?

첫째, 육체의 연습은 약간의 유익이 있기 때문이다. 육체의 연습은 육체의 운동 또는 육체를 위한 운동이다. 육체를 위한 운동은 약간의 유익이 있다. 그러나 경건의 유익과 비교해 보면 약간의 유익이 있다는 것이다.

둘째, 경건은 범사에 유익하며 금생에 약속이 있기 때문이다. 경건은 오직 하나님을 기쁘시게 하는 신앙을 뜻한다. 교사의 경건은 먼저 하나님을 기쁘시게 해드림이 되고 현재의 삶 속에서 하나님의 약속의 성취 결과를 가져올 수 있다. 곧 금생에서 축복을 받게 된다.

셋째, 경건은 내생에 약속이 있기 때문이다. 내생이라는 말은 미래의 삶을 말하며 내생의 복은 곧 영생의 복을 말한다. 마태복음 10 : 29−30에 "예수께서 가라사대 내가 진실로 너희에게 이르노니 나와 및 복음을 위하여 집이나 형제나 자매나 어미나 아내나 자식이나 전토를 버린 자는 금세에 있어 집과 형제와 자매와 모친과

●

주님이 기뻐하시는 교사가 됩시다(Ⅰ)

자식과 전토를 백 배나 받되 내세에 영생을 받지 못할 자가 없으리라"고 하였다. 그리스도인들은 경건의 비밀되신 예수 그리스도를 따르는 경건이 있어야 한다. 더욱이 교사는 먼저 자신이 하나님 앞에 부단히 경건생활을 연습함으로 자신에게 복이 되고 가르치는 학생들에게 선한 본을 보이는 자가 되어야 한다.

위로부터 오는 지혜를 가져라.

야고보는 두 가지의 지혜가 있음을 지적하고 있다. 하나는 세상적이요 정욕적이요 마귀의 지혜인데 그것은 독한 시기와 다툼이라고 하였다(약 3 : 14-16). 다른 하나는 "위로부터 난 지혜인데 성결하고 화평하고 관용하고 양순하며 긍휼과 선한 열매가 가득하고 편벽과 거짓이 없나니 화평케 하는 자들은 화평으로 심어 의의 열매를 거두느니라"(약 3 : 17-18)고 하였다.

주일학교 교사는 독한 시기와 다툼의 사단적 지혜를 가진 자가 아니요 위로부터 난 지혜, 즉 하나님의 지혜를 가져야 한다. 그렇게 하기 위하여 교사는 중생의 씻음으로 새롭게 되어야 하고 자신을 지켜 세속에 물들지 말아야 한다. 그리고 그의 심령에 그리스도의 평화와 십자가의 사랑으로 충만하여 위선이 없는 진실한 자라야 한다.

깨어 있는 선한 목자가 되라.

어둠과 더불어 있되 생명을 지키는 자가 되어야 한다. 교사는 꺼지지 않는 불빛을 소유하고 있는 깨어있는 자다. 엄습해 오는

성장하는 주일학교는 이런 교사를 원한다

암흑에 잠시도 흔들리지 않는 그 자세는 그만큼 사명감에 투철함 때문이다. 생명을 지키는 자, 이것이야말로 비할 데 없이 중차대한 사명이다. 극한 상황 속에서도 내 양을 버리지 않는 그 파수꾼만이 바람직한 목자의 모습이다. 사울왕 앞에 선 목동 다윗은 자신의 목동의 삶을 다음과 같이 술회하였다.

"다윗이 사울에게 고하되 주의 종이 아비의 양을 지킬 때에 사자나 곰이 와서 양떼에서 새끼를 움키면 내가 따라가서 그것을 치고 그 입에서 새끼를 건져내었고 그것이 일어나 나를 해하고자 하면 내가 그 수염을 잡고 그것을 쳐 죽였었나이다"(삼상 17 : 34-35). "너희 중에 어느 사람이 양 일백 마리가 있는데 그 중에 하나를 잃으면 아흔 아홉 마리를 들에 두고 그 잃은 것을 찾도록 찾아 다니지 아니하느냐"(눅 15 : 4). "나는 선한 목자라. 선한 목자는 양들을 위하여 목숨을 버리거니와"(요 10 : 11). "나는 선한 목자라. 내가 내 양을 알고 양도 나를 아는 것이 아버지께서 나를 아시고 내가 아버지를 아는 것 같으니 나는 양을 위하여 목숨을 버리노라"(요 10 : 14-15).

깨어 있는 선한 목자의 특징은 희생적 삶을 사는 것이다. 바울 사도는 믿음의 자녀에게서 그리스도의 형상이 이루기까지 그들을 위하여 해산하는 수고를 하겠다고 했다(갈 4 : 19). 한 생명의 변화를 통한 하나님 나라의 확장을 비전으로 볼 줄 아는 교사는 이러한 수고와 희생을 감내해야 한다. 갱글(Kenneth O. Gangel)이 교사의 희생적 태도야말로 "세상적 보답으로는 보상될 수 없는 가치"라고 말했듯이 이는 참으로 가장 고귀하고 의미있는 삶의 자세이다. 그것은 사랑의 사역이며 하나님의 사역에로의 부르심에 대한 감사의 응답이며 세상적으로는 발견할 수 없는 영원한 가치를 지닌 사역

주님이 기뻐하시는 교사가 됩시다(Ⅰ)

임에 틀림이 없다.

이 시대의 영혼을 맡은 교사들에게 베드로는 권고한다. "근신하라. 깨어라. 너희 대적 마귀가 우는 사자 같이 두루 다니며 삼킬 자를 찾나니"(벧전 5 : 8).

양이 없는 목자를 생각할 수 없듯이 학생이 없는 교사는 무의미하다. 교사의 사명은 학생들과 더불어 성장하므로 익어간다. 들에서 양들과 함께 밤을 지새우는 목자를 생각해 보라. 우리는 학생들과 얼마나 가까이에서 호흡하고 있는가? 참 교사는 사명을 받고 그 사명을 의식하고 충성하기 위해 깨어 있는 자다. 마음을 다하고 목숨을 다하여 양을 지키는 그래서 마침내 양과 더불어 그가 존재하는 새 의미의 차원이 어떤 승화점을 이루고 있을 때 우리는 보다 미쁜 교사가 될 것이다.

당신이 선한 목자로서의 교사가 되고자 하는 사람일진대 엘바 마일스(Elva Miles)가 좋은 지침을 전달해 주고 있다.

첫째, 중생의 체험을 한 그리스도인으로 새 생명의 기쁨을 가져야 한다.

둘째, 좋은 교사가 되어야 한다는 소원과 기대 및 그에 따른 기도가 있어야 한다.

셋째, 말씀으로 무장하고 성령의 충만함을 위하여 성령의 도우심을 간구해야 한다.

넷째, 공부를 게을리 하지 말고 교사로서 필요한 것들을 습득하기 위하여 부지런히 노력해야 하는데 무엇보다도 성경을 바르게 그리고 풍성히 알아야 한다.

다섯째, 만족하고 완전한 준비를 해야 한다.

여섯째, 교수를 위한 숙달된 훈련과 실습을 자주 해야 한다.

일곱째, 학생들의 영혼 구원을 위해, 그들을 영육간에 사랑할 수 있도록 기도해야 한다.

섬김을 받으려 하지 말고 섬기는 자가 되라.

교육에 임하는 것은 바로 예수 그리스도의 섬김을 실천하는 것이다. 섬김은 교육의 핵심을 이루는 터전이다. 교육 자체가 섬김의 행위요, 교육 목표 또한 섬김을 가르치고 섬김을 배우게 하는 것이다. 오늘날 많은 기독교 교육학자들이 기독교 교육의 본질을 섬김이라고 말하는 이유가 여기에 있다.

예수님은 자신이 세상에 오신 목적을 다음과 같이 말씀하셨다. "인자가 온 것은 섬김을 받으려 함이 아니라 도리어 섬기려 하고 자기 목숨을 많은 사람의 대속물로 주려 함이라"(마 20 : 28). 예수님의 사역은 그가 돌보셔야 하는 양떼들을 섬기기 위한 것이었다. 교사는 섬기는 사람이다. 하나님께서는 그의 양무리를 섬기도록 하시기 위하여 우리를 교사로 세우셨다. 그러므로 우리는 섬기는 자세를 지니고 있어야 한다.

그러면 구체적으로 섬기는 자세는 무엇을 가리키는가? 그것은 예수님께서 그의 제자들에게 하셨던 것처럼 선생으로서 제자들의 발을 씻겨주는 일이다. 우리도 학생들의 발을 씻겨 주어야 한다. 선생되신 예수님께서 제자들의 발을 씻겨 주셨던 것처럼 종의 위치에 서서 학생들을 섬겨야 한다. 우리가 반의 목회자로 부름 받은 것은 학생들을 섬기기 위함이다. 예수님께서 우리를 섬기셨듯이 우리가 하나님의 자녀들을 섬기는 것은 마땅한 일이다. 우리 주 예수 그리스도께서 우리를 섬기기 위하여 이 땅에 오셨듯이 우리들 또한

주님이 기뻐하시는 교사가 됩시다(I)

주님의 양무리를 섬기기 위하여 그들에게 가야 한다. 절대로 학생들을 가르친다거나 당신의 권위를 나타내기 위하여 그들 앞에 서서는 안된다. 섬김을 받으러 오신 것이 아니라 도리어 섬기시고 희생의 삶을 살기 위하여 이 땅에 오신 교사 중의 교사이신 예수님의 삶을 본받는 것이야말로 오늘 교사들이 가져야 할 최우선적 자세라 아니할 수 없다.

로마서 12 : 7에 바울 사도는 하나님께서 교회에 허락하신 은사들을 설명하면서 섬기는 은사를 기록하였다. "혹 섬기는 일이면 섬기는 일로". 린드세이(Thomas M. Lindsay)가 "섬기는 일이야말로 교회를 위하여 목회자가 봉사하는 아름다운 직분"이라고 한 것은 반의 목회자인 교사들에게 주는 의미가 크다. 우리는 섬기는 은사를 적극 활용하여 작게는 내게 맡겨진 반에, 크게는 주일학교와 전 교회에 유익을 끼쳐야 한다.

적극적으로 참여하는 자가 되라.

교사는 교수－학습의 과정에서 평가자나 방관자의 입장이 아니라 적극적으로 참여하는 자세를 가져야 한다. 교사의 주된 임무는 주어진 과제를 객관적인 입장에서 전달하는 데 있는 것이 아니라 학생들과 함께 참여하여 하나님의 음성을 듣는 데 있다.

교사도 연약한 한 사람의 그리스도인에 불과하다. 그래서 자주 낙심하고 환경에 쉽게 좌절하며, 영적으로 침체되기도 한다. 누구보다도 주님의 위로와 힘주심이 절실히 필요한 한 마리의 양에 불과하다. 그래서 죤 칼빈(J. Calbin)은 하나님 앞에 종종 이런 기도를 드렸다. "하나님 내가 이 많은 회중들 앞에서 하나님의 말씀

성장하는 주일학교는 이런 교사를 원한다

을 선포하지만, 오 주님! 저 역시 주님의 위로와 사랑의 손길이 필요한 한 마리의 어린 양에 불과합니다." 이것은 4세기 전 죤 칼빈의 기도일 뿐 아니라 때로 자신의 영적인 어려움 속에서 영혼을 섬겨야 하는 우리 교사들 모두의 기도이다. "하나님 비록 어린 학생들을 섬기고 인도하지만 저 역시 주님의 위로와 사랑의 손길이 필요한 연약한 한 마리의 양임을 기억해 주시옵소서."

연로하신 한 목회자가 호킹(David Hocking) 박사에게 이렇게 말하였다. "만일 당신이 그리스도의 복음을 위하여 헌신적으로 사역하고 싶다면 갓난 아이로 시작해서 주일학교에 이르는 모든 반을 가르쳐 봐야 할 것이오." 호킹 박사는 그래서 주일학교의 모든 반을 가르쳤으며 이것을 통해 많은 변화와 가르침을 받게 되었다.

교사는 가르치는 자이기 전에 자신의 신앙이 끊임 없이 새롭게 변화되어야 할 사람이다. 오늘 교사로서의 책임을 다하기 위하여 먼저 배우는 자가 되지 아니하고는 진정으로 가르치는 자가 될 수 없다는 사실을 기억해야 한다. 교사는 교수―학습과정에 학생과 함께 적극적으로 참여함으로써 자신의 신앙을 새롭게 할 뿐만 아니라 학생들에게 교사로서의 진지한 태도를 보여줄 수 있고, 또 자신의 이야기를 삶의 간증으로 전달할 수 있다. 많은 경우에 교사는 학생들의 순수하고 솔직한 신앙의 표현을 통하여 자신의 신앙에 큰 도움을 받게 되는 것을 어렵지 않게 경험한다. 교사는 진리를 가르치는 자이기에 앞서 학생들과 함께 진리를 향해 나아가는 순례자라는 사실을 기억해야 한다.

주님이 기뻐하시는 교사가 됩시다(Ⅰ)

교사의 스타일을 점고하라.

교사가 자기 자신에 대하여 생각하는 것과 교사로서의 자기의 역할은 그와 학생의 모든 관계에서 나타난다. 그러므로 교사의 스타일에 관하여 생각해 볼 필요가 있다.

첫째, 독재적인 스타일이다. 독재형의 교사 스타일은 권위를 가지고 학생들에게 어떻게 해야 한다고 명령한다. 학생들이 하는 일이란 열심히 듣고 순종하는 것이다. 대체로 이런 스타일의 교사는 자신의 위치와 권위에 대하여는 지대하게 많이 생각하지만 학생의 능력을 신뢰하지 않는다.

둘째, 방임주의적인 스타일이다. 이런 스타일의 교사는 학생들을 방임해 둔다. 이 스타일의 교사는 자존심이 약한 편이어서 학생들을 두려워 함으로 그들과 관계 맺는 일을 회피하거나 학생들에게 너무 많은 짐을 지도록 만든다. 교사는 반의 분위기를 조성하지 못하고 목적을 세우지 않는다. 그리고 교사는 학생을 어떻게 다루어야 할지 알지 못하며 그 결과 반의 분위기는 점점 악화되어 간다.

셋째, 민주주의 스타일이다. 민주주의 스타일에서는 교사와 학생이 할 수 있는 대로 서로 계획과 목적을 세우고 항상 같이 책임을 진다. 교사가 무엇을 스스로 결정해야 하는 경우에는 학생들에게 그 이유를 이해시키고 학생들이 참여와 제안을 하도록 한다. 그 결과 학생은 목적과 계획을 잘 이해하기 때문에 흥미를 가지고 열심히 공부하고 참여한다. 나는 어떤 스타일의 교사인가 ?

성장하는 주일학교는 이런 교사를 원한다

교사가 교회에 임하는 자세

작금의 우려할 만한 사실 가운데 하나는 적지 않은 그리스도인들이 교회에서 이탈된 신앙심을 갖고 있다는 것이다. 결국 이러한 자의 신앙은 교회 자체를 허물며 사회로부터 교회가 지탄을 받는 원인을 제공하게 된다. 교회는 그리스도의 몸이므로 교회를 떠난 신앙은 그리스도를 떠난 신앙일 수밖에 없다. 예수님은 베드로의 신앙고백을 들은 후 "내가 내 교회를 반석 위에 세우리니 음부의 권세가 침해치 못하리라"(마 16 : 18)고 하셨다. 예수님의 말씀에 비추어 볼 때 교사의 교회 중심적인 활동은 너무나도 당연한 것이다. 존 칼빈의 말대로 교회는 어머니의 품과 같다. 그러면 구체적으로 교사가 교회에 임하는 자세는 어떠해야 하는가?

첫째, 예배 및 집회 참석을 열심히 하여야 한다. 주일 예배만 아니라 교회가 정한 공식적인 집회에 참석하므로 성도들에게 모범이 되어야 한다. 예배는 자아중심의 생활을 하나님 중심의 생활로 초월시키는 생명의 도약이다.

둘째, 신앙생활에 모범을 보여야 한다. "너희는 세상의 빛이라. …이같이 너희 빛을 사람 앞에 비춰게 하여 저희로 너희 착한 행실을 보고 하늘에 계신 너희 아버지지께 영광을 돌리게 하라"(마 5 : 14, 16). 교사는 교회 안의 성도들과 교회 밖의 모든 사람들에게 빛이 되어야 한다. 그럴 때에 교사의 입에서 흘러나오는 가르침은 권위가 서게 된다. 가르침과 실제의 생활에 이원화 현상이 없어야 하겠다.

셋째, 교회 사업에 적극 참여하며 헌신해야 한다. "너희는 너희 것이 아니라 값으로 산 것이 되었으니 그런즉 너희 몸으로 하나님께 영광을 돌리라"(고전 6 : 19, 20). 그리스도인은 누구나 피값으로

주님이 기뻐하시는 교사가 됩시다(Ⅰ)

산 생명들이기 때문에 당연히 그리스도의 소유이다.

예루살렘 성에 올라가실 때에 예루살렘 가까이 감람산 벳바게에 이르신 예수님은 두 제자를 맞은편 마을로 파송하셨다. 왕의 예루살렘 입성을 준비시키기 위함이었다. 무엇을 준비시키셨는가? 마태복음 21 : 2에 보면 "가서 나귀와 나귀 새끼의 매어 있는 것을 보리니 풀어 내게로 끌어오라"는 것이다. 이 말씀에는 나귀의 어미와 나귀의 새끼를 끌어오라는 말씀처럼 보인다. 그러나 마태복음 21 : 5에는 "멍에 매는 짐승의 새끼를 타셨다"고 하였고, 마가복음 11 : 2에는 "곧 아직 아무 사람도 타 보지 않은 나귀 새끼의 매여 있는 것을 보리니 풀어 끌고 오너라"라고 말씀하신다. 누가 물으면 "주가 쓰시겠다"하라고 말씀하신다. 이 말씀은 왕의 예루살렘 입성에 대한 준비과정이다. 아마도 크고 건장한 백마를 준비하는 것이 왕의 왕 예수님에게 맞는 일이었을 것이다. 그러나 예수님은 아직 아무 사람도 타지 아니하였기에 길들여지지도 아니하였으며, 어린 나귀이기에 볼품도 없는 나귀를 끌어오라는 것이다. 누가 묻거든 주가 쓰시겠다고 말하라고 하였다.

우리의 상식과는 얼마나 다른가? 이솝의 우화에나 나옴직한 왕의 행렬이다. 예수님의 예루살렘 입성시에 타신 어린 나귀는 무엇을 우리에게 교훈하여 주는가? 그것은 사람의 경험과 상식을 뛰어넘고 사람이 생각하는 때와는 아주 다른 하나님의 때가 있음을 보여준다. 사람의 보기에 어린 나귀는 볼품도 없으며, 길들여지지도 아니하였고, 힘이 없기에 왕의 행렬에 부적합하여 보였지만 주님이 보시기에는 '쓰시기에 합당한 도구'였다는 것이다.

이러한 사실을 보여주는 사건이 또 있다. 그것은 무화과 나무에게 되어진 일이다. 예루살렘에 입성하신 예수님은 성전을 청결하게

성장하는 주일학교는 이런 교사를 원한다

하셨고 베다니로 물러 가셨다. 베다니는 사랑하는 마리아, 마르다, 나사로가 살고 있는 촌이었다. 이튿날 베다니에서 나오셔서 성으로 향하시던 예수님은 시장하셨다. 때마침 길가에 서 있는 무화과 나무를 보시고 열매를 얻을까 하여 무화과 나무에게로 가셨다. 그 때에 무엇을 얻으셨는가? 마태복음 21 : 19을 보면 아무것도 얻지 못했다. 예수님은 책망하셨고 그 나무가 시들어 죽고 말았다. 왜 무화과 나무는 잎이 무성하였지만 열매가 없었을까? 그 해답이 병행구절인 마가복음 11 : 13에 나와 있다. "이는 무화과의 때가 아님이라." 그 때는 무화과의 열매가 열리는 때가 아니었다. 예수님의 책망은 문제가 있지 아니한가? 예수님은 그 때가 무화과의 열매를 딸 때가 아님을 이미 알고 계셨다. 예수님이 무화과 나무를 책망하신 이 사실은 우리에게 중요한 교훈을 던져 준다. 그것은 사람의 상식적인 실과의 때와는 상관없이 주님이 하시려는 일에 대한 때가 더욱 중요하다는 것이다. 주님이 원하시는 일이라면 내가 생각한 때는 아닐지라도, 어린 나귀와 같이 무화과 나무와 같이 주가 쓰시겠다 할 때에 도구로 사용함 받는 교사들이 되어야 한다.

교사의 자기 진단

1. 교사의 본분을 다하고 있는가?
2. 성령님과 동행하는 생활을 하고 있는가?
3. 기도와 말씀의 생활화를 추구하는가?
4. 공과 공부 시간에 학생들에게 그들의 생각을 표현할 기회를 주는가?
5. 피곤해 하고 쉽게 속상해 하지는 않는가?

주님이 기뻐하시는 교사가 됩시다(I)

6. 한 학생을 다른 학생들 앞에서 지나치게 주의를 주거나 굴욕을 느끼게 하는 훈육을 하지는 않는가?

7. 공과 공부 시간 이외에 친교 시간을 갖는가?

8. 학생들의 문제점을 발견하려고 노력하는가?

9. 다양한 교수 방법을 연구하는가?

10. 학생들의 가정을 심방하는가?

11. 교육 방법이 흥미가 있고 긍정적인가?

12. 진행 순서가 재미있고 감동적인가?

13. 학생들의 이름을 모두 알고 있는가?

14. 좋은 품행을 장려하며 모범을 보여주고 있는가?

15. 공과 공부와 관계 없는 문제로 학생들의 관심을 다른 곳으로 쏠리게 하지는 않는가?

16. 문제 학생들을 사랑으로 훈육하고 있는가?

17. 공과 공부할 내용을 사전에 준비하는가?

18. 혹 잃어버린 학생은 없는가?

19. 매주 출석 확인을 하여 결석자들을 전화 심방이나 가정 심방으로 돌보는가?

20. 학생들을 정기적으로 만나 상담하는가?

21. 교회 행사에 전적으로 참여하는가?

좋은 교사가 되려면

좋은 교사가 되려면 외적인 조건과 내적인 조건을 올바르게 구비해야만 한다. 교사들은 예수 그리스도로부터 임명을 받은 사람이다. 교회로부터 임명장을 받지만 우리를 불러 교사되게 하신 이는

성장하는 주일학교는 이런 교사를 원한다

바로 하나님이시다. 그러므로 모든 교사는 하나님께로부터 임명받았다는 확신이 있어야 한다. 이런 확신이 있는 자들만이 주일학교 교사직이 천직(天職)임을 알고 신실하게 그 일을 감당할 수 있다.

교사는 만왕의 왕되신 하나님의 일을 하고 있는 사람들이다. 우리를 구원해 주신 하나님께서는 많은 사람들 중에 특별히 교사들을 부르셔서 직분을 맡기셨다. 이 사실을 생각할 때에 얼마나 큰 영광이며 보람인가! 다른 기관에서 주어지는 그 어떤 일보다도 더 열심히 일해야 하고 교회가 허락하는 한 계속하여 교사일을 하겠다는 사명감이 투철해야 한다.

교사는 하나님께서 임명하시는 것이지만 더 좋은 교사가 되기 위해서는 각자의 노력이 있어야 한다. 좋은 교사가 되기 위한 방법을 예수님께서 제자들을 부르시던 그 모습에서 찾아볼 수 있다.

첫째로, 따라가야 한다. 예수님께서는 "나를 따라오너라. 내가 너희로 사람을 낚는 어부가 되게 하리라"(마 4 : 19)고 하셨다. 여기 '따라오라'는 말에는 참 스승이신 예수님을 따르며 배우고 훈련하라는 의미가 담겨있다. 교사들은 흔히 자신의 일을 가르치는 일로 한정한다. 그러나 교사들 자신도 한 마리의 양이며 끊임없이 배워야 한다. 배우지 아니하고서는 바른 가르침을 행할 수가 없다. 교사로서 배우는 것은 교사의 자질과 아울러 지식을 쌓아가는 일을 부지런히 습득하고 자기의 것으로 만드는 일이다. 어린 학생 한 사람 한 사람의 영혼의 선한 목자라면 죽을 때까지 배워야 한다.

둘째로, 모든 것을 버리는 것이다. 예수님은 제자들을 따라오라고 하셨고 부름 받은 그들은 "배와 그물을 버려두고"(눅 5 : 11) 예수님을 따라갔다.

셋째로, 항상 "나는 죄인이로소이다"(눅 5 : 8)하는 죄인의식

주님이 기뻐하시는 교사가 됩시다(Ⅰ)

이 있어야 한다. 교사는 분명 예수 그리스도 안에서 의인의 신분을 얻었으며 하나님은 우리를 그렇게 대우해 주신다. 그럼에도 불구하고 우리는 언제나 죄인의 심정으로 살아야 하며 겸손의 마음을 품어야 한다. 항상 자신을 낮추고 남을 높일 때에 좋은 교사가 될 수 있다.

●
성장하는 주일학교는 이런 교사를 원한다

교사를 위한 기도문

제목 : 오 주님 내가 교실에 들어갈 때에

나에게 힘을 주시어 유능한 교사가 되게 하소서.
나에게 지식 이상의 지혜를 주시어
내가 준비한 지식을 아는 데 그치지 않고
나에게서 배우는 학생들의 삶의 중요성을 깨닫게 하소서.

나에게 그들을 설득시킬 지혜를 주시어
냉담한 그들의 얼굴이
당신께 대한 관심으로 피어나게 하소서.
당신께 큰 관심이 없는 학생들의 관심 속에
내가 이 관심을 불러 일으켜야 되겠나이다.

배반자의 얼굴도 마다하지 않으신
당신의 큰 친절을 나에게도 주시어
가면 뒤에 숨어 있는 고독한 영혼을 보게 해 주소서.

나에게 당신의 그 인내를 주시어
실패해도 낙심말게 해 주소서.
그들에게 당신을 전하기 위해서는
이 땅 위에 오셔서 완고한 인간들 가운데서 일하다가 가신
당신을 본받아야 되겠나이다.

나에게 당신의 그 겸손을 주시어
당신께서 아버지께로 사람들을 인도하신 것같이

●
주님이 기뻐하시는 교사가 됩시다(I)

나도 사람들을 당신께로 인도하게 해주소서.
당신께서 은총을 내려 주시지 아니하시면
나는 아무도 당신께로 인도할 수 없사오니

결코 혼자 하겠다는 생각을 말게 하소서.
나에게 통찰력을 주시어
나는 어른이라는 것과 이 학생들은 나만큼 자제력도 없으며
그 원하는 바도 다르다는 것을 바르게 인식하게 해주소서.
학생들을 훈육하되 언제나 진실을 잃지 않게 해 주소서.

가르치면서 배우게 해 주소서.
모든 지식을 갖추고 있더라도
사랑이 없으면 나에게 아무 유익이 없사오니
사랑을 꼭 실천해야 된다는 것을 배워 알게 해 주소서.
학생들이 나에게서 당신의 모습을 찾아볼 수 있게 될 때에
나는 가장 훌륭한 교사가 된다는 것을 배워 알게 해 주소서.
학생들에겐 천국에 이르는 길을 제시해 주면서도
나 자신은 그 길에서 벗어나는 일이 없도록 해 주소서.

주여!
마지막으로 내가 받을 최대의 보상은 여기에서가 아니라
저 세상에서라는 것을 깨닫게 해 주소서.
이 땅 위에서 당신을 믿고 따르는 학생들과 함께
나는 천국에서 별처럼 빛나리라는 것을 알게 해 주소서.

•
성장하는 주일학교는 이런 교사를 원한다

어느 교사의 간증

(중략) 사실 나는 그때까지도 어린이들을 가르치면서 제 자신이 확실한 사명감을 가지지 못했습니다. 제가 가르치는 아이들은 남자 4반이었는데 그 또래의 아이들이 다 그렇듯이 유난히도 장난이 심했지요. 그럴 적마다 눈을 부라리고 큰 소리를 치곤 했지만 별로 효과가 없었습니다.

어느 날 분반공부 시간에 여전히 장난은 시작되었고 급기야는 나도 화가 치밀었어요. "모두 손들고 일어섯!" 그날은 마침 기도실에서 우리 반만 따로 공부를 하는 중이었어요. 나는 큰 소리로 아이들을 꾸짖다가 문뜩 주님을 생각했어요. 십자가에 달리신 예수님을….

'이게 아닌데, 이렇게 아이들을 대하는 것이 아닌데…'

나는 아이들을 모두 앉히고 다같이 한 목소리로 기도를 시작했어요. 내 머리 속에는 주님의 십자가만 자꾸 떠올랐어요. 나를 위해 죽기까지 사랑해 주신 주님이…. 아이들이 울음을 터트리기 시작했어요. 나도 뜨거운 눈물이 주체할 수 없이 흘러내렸답니다. 정말 나이 들어서 이렇게 뜨겁게 울어 보기도 처음인 것 같았습니다. 그 후 우리는 새로워졌습니다. 지금도 그 때 그 아이들은 한 명도 빠짐없이 교회에 잘 나오고 있을 뿐만 아니라 아주 모범적으로 신앙생활을 하고 있답니다. 그리고 저도 아이들을 대할 때마다 그 때의 뜨거운 마음으로 아이들을 가르치고 있습니다.

진정 사랑으로 학생들을 대했던 교사들은 누구나 한 번쯤은 경험했던 일일 것이다. 그리고 언제나 다시 생각하고 다짐해야 될 일이다.

21세기의 주일학교 교사는 더욱 각별한 자세를 가져야 한다. 변화하여 가고 어그러지는 세대 속에서 한 영혼을 그리스도에게로

주님이 기뻐하시는 교사가 됩시다(Ⅰ)

인도하는 일의 중요성을 다시 한 번 인식하고 바른 교사의 자세를
가지고 최선을 다하는 교사가 될 때 하나님 나라의 소망이 거기에
있다.

참고도서

- 교사의 벗, 교회교육 현장백과 3, 말씀과 만남, 1994. pp. 183-185.
- 한치호, 주일학교 교사 핸드북, 기독교문서선교회, 1991. pp. 41-42, 101-111, 138-140.
- 이선희, 교회학교 교사교육, 나침반, 1994. pp. 190-192.
- 뮤리엘 블랙웰, 어린이 사역 소명론, 최기운 역, 파이디온 선교회, 1993. pp. 41-42.
- 감리교신학대학 한국선교·교육 연구원, 교회교육 핸드북, 대한기독교출판사, 1977. pp. 107-108.
- 한치호, 꼼꼼한 교사, 기민사, 1992. pp. 32-39, 44-46.
- 이용윤, 교사학교 훈련교재, 은혜, 1993. p. 46.
- 강정훈, 교회 교사론, 늘빛출판사, 1994. pp. 83-88.
- 송길원, 좋은 교사의 자질과 역할, 양문출판사, 1989. pp. 43-53.
- 손종국, 청소년 지도, 예루살렘, 1993. pp. 114-123.
- 엄문용, 교회의 현장교육, 대한기독교출판사, 1985. pp. 75-76.
- 엄문용, 교육 상담 가이드, 한국문서선교회, 1986. pp. 20-21, 30.
- 한치호, 성경의 세계로 아이들을 초대하라, 크리스챤서적, 1991. pp. 20-23.
- 박종구, 중·고등 교사 핸드북, 신망애, 1975. pp. 14-17.
- 주금용, 성공적인 교사가 되는 길, 지혜원, 1993. pp. 32-40.
- 한치호, 어린이 분반사역, 크리스챤 서적, 1991. pp. 40-41,75-83, 138-141
- 신재성, 친애하는 교사 여러분!, 두돌비, 1994. pp. 13-44, 129-142.

●

주님이 기뻐하시는 교사가 됩시다(Ⅰ)

- 원준자, 효과적인 반목회, 파이디온 선교회, 1991. pp. 90−96.
- 김문철, 교회교육 교사론, 종로서적, 1991. pp. 9−34.
- 교사의 벗, 교회교육 현장백과 1, 말씀과 만남, 1994. pp. 54−62.
- 김득렬, 학습과 지도, 대한예수교장로회 출판부, 1979. pp. 246−250.
- 데이빗 E. 젠킨스, 어린이 이해와 기독교 교육, 윤형복 역, 엠마오, 1987. pp. 17−23.

성장하는 주일학교는 이런 교사를 원한다

8장

주님이 기뻐하시는 교사가 됩시다(II)
- 주일학교 교사의 자격

"교사가 그의 소명을 수행하는 데 있어서 성령의 역사는 명령을 부여하기 때문에 반드시 필요하다. 주일학교 교사에게는 하나님의 말씀만이 아니라 성령이 있어야 한다."

- 주크

예수님께서는 "…만일 소경이 소경을 인도하면 둘이 다 구덩이에 빠지리라"(마 15 : 14)고 하심으로 유대 종교 지도자들의 잘못된 모습을 일찍이 지적하셨다. 교사들은 맡은 영혼들을 주님께로 인도하는 중요한 지도자이다. 교사들에 의하여 주일학교가 성장하기도 하고 쇠퇴하기도 한다는 것은 지나친 말이 아니다.

교사는 그의 직무의 수행을 위하여 요구되는 자격이 있다. 그것은 자동차를 운전하는 사람이 거리의 곳곳을 알고 있어야 하는 것처럼 영혼을 돌봄에 있어서 갖추고 있어야 하는 자격이다. 이 자격은 교사의 역할을 만족스럽게 수행하도록 하며, 학생들의 성장에 지대한 영향을 미친다.

그러면 교사에게는 어느 만큼의 자격이 요청되고 있을까? 교사가 성실하고 또한 보람있게 반의 영혼들을 관리하기 위해서는 어떤 자격을 갖추어야 하는가? 하나님께서 바라시는 선한 교사, 사명을 다하는 교사가 되기 위해서는 다음의 자격과 조건들이 필요하다.

영적인 자질

거듭난 그리스도인

교사의 자격에 대하여 여러 가지가 논의될 수 있지만 무엇보다도 우선적으로 갖추어야 할 자질은 예수 그리스도를 개인의 구주로 영접한 체험이 있어야 한다는 것이다. 거듭난 그리스도인이 아니라면 그는 세속교육을 흉내낼 수 있을지는 몰라도 진정한 의미의 기독교 교육을 행할 수는 없다.

주일학교는 하나님께 속한 기관이며 이 기관의 교육 내용은 곧 영생에 대한 것이다. 예수 그리스도를 개인의 구주로 영접하지 않은

●

주님이 기뻐하시는 교사가 됩시다(Ⅱ)

사람은 하나님의 나라를 볼 수 없으며 갈 수도 없다. 하나님의 나라를 알지 못하는 자가 하나님의 나라를 말하는 것은 어불성설(語不成說)이다.

예수님께서 니고데모에게 말씀하셨다. "진실로 질실로 네게 이르노니 사람이 거듭나지 아니하면 하나님 나라를 볼 수 없느니라"(요 3 : 3). 니고데모는 거듭남의 의미를 알 수 없었다. 예수님께서는 다시 구체적으로 말씀하시기를 "사람이 물과 성령으로 나지 아니하면 하나님 나라에 들어갈 수 없느니라. 육으로 난 것은 육이요 성령으로 난 것은 영이니 내가 네게 거듭나야 하겠다 하는 말을 기이히 여기지 말라"(요 3 : 5-7)고 하셨다.

예수님을 아는 것만으로는 충분하지 않다. 단순히 교회에 소속해 있다는 것만으로는 충분하지 않다. 예수님을 자신의 구주로 영접해야 한다.

교회의 직분 가운데 교사는 학생들의 영혼을 그리스도께로 인도하는 사람이다. 누가복음 22 : 32에 따르면 예수님께서 베드로에게 이르시기를 "너는 돌이킨 후에 네 형제를 굳게 하라"고 하셨다. 이것은 하나님과 올바른 관계를 맺고 하나님과 교제하는 사람만이 다른 영혼을 주님께로 인도할 수 있음을 뜻한다. 하나님과 올바른 관계를 맺고 있다는 것은 거듭남의 원리를 제시하는 것이다. 다시 말하여 교사는 그리스도의 보혈로 씻음 받고 성령으로 거듭난 사람이어야 한다. 영적으로 거듭난 사람만이 영생에 대하여 가르칠 수 있다. 모든 교사는 빠짐 없이 자신에게 자문해 보아야 한다. "나는 구원 받았는가?", "나는 하나님의 가족인가?" 만일 아니라면 이 순간에 주 예수 그리스도를 영접하고 당신의 죄가 용서 받은 것을 확신해야 한다.

헌신된 사람

　교사는 전능하신 하나님을 섬기는 것이 자기의 일이라는 것을 깨닫고, 하나님께 헌신하지 않는 자의 섬김은 하나님이 받으실 수 없다는 것을 알아야 한다. 일꾼은 주인이 아니므로 자기 맘대로 자신을 쓸 수가 없다. 우리는 주님을 섬기는 일에 우리 자신을 내 뜻대로 쓸 수가 없다. 우리는 때와 장소, 방법을 가리지 않고 하나님이 원하시는 대로 우리의 몸과 마음을 드리고 생명까지 드려서 .제한 없이 하나님께 쓰여져야 한다. 교사들이 자신의 기능을 발휘하며 하나님의 축복의 장 중에 있기를 기대한다면 자기 자신을 완전하게 헌신해야만 한다. 이렇게 될 때에 하나님의 가르침에 사로잡힌 그리고 하나님의 능력에 사로잡힌 교사들이 탄생하게 될 것이다.

주님이 기뻐하시는 교사가 됩시다(Ⅱ)

주여, 나를 헌신된 무리 속에 넣어 주소서

뮤리엘 블랙웰

주여
나를 오순절의 베드로와 같이
헌신된 무리 속에 넣어 주소서.
지나간 실패에 대한 자책과
나를 휘감는 어두운 마음들을 가져가 주소서.

나를 도우사
무관심과 불충성으로 나 자신을 지키기 어려울 때
당신이 사랑과 용서로
나를 품고 계심을 기억하게 하소서.

내 속에서 잠자고 있는 능력을 일깨우사
내가 가르치고 영향을 끼치는 학생들 가슴에
오순절이 임하게 하소서.

주여
나를 헌신된 무리들 속에 넣어 주소서.
당신께 감사를 드립니다.

성장하는 주일학교는 이런 교사를 원한다

성령의 권능을 받은 사람

가르치는 것을 쉽게 생각해서는 안된다. 교사의 직분은 하나님이 교회 안에 세우신 것이기에 성령의 권능을 받은 사람이 맡아야 한다. "교사가 그의 소명을 수행하는 데 있어서 성령의 역사는 영력을 부여하기 때문에 반드시 필요하다. 주일학교 교사에게는 하나님의 말씀만이 아니라 성령이 있어야 한다"고 주크(Roy B. Zuck)는 강조하고 있다. 그에 따르면 성령이 하나님의 말씀을 통해서 역사하고 성령이 거듭난 교사를 통하여 역사할 때 비로소 기독교 양육의 영적인 역사가 보장된다는 것이다. 성령의 사역이 동반되지 않은 주일학교 사역은 '세속교육'(일반적인 초등학교 또는 중·고등학교 교육)과 별로 다를 바가 없는 것이다.

머레이(Andrew Murray)는 "성령을 통해서 계시되고 받아들인 진리가 아니면 사람을 변화시킬 수 없다"고 하였다. 성령의 역사가 없는 교재는 그저 냉랭한 교안에 그칠 뿐이고 성령의 역사가 없이 이루어지는 사역은 프로그램에만 의존하게 될 뿐이다.

예수 그리스도는 성령의 능력을 가진 교사였다. 그는 성령이 충만하여 두루 다니며 권세 있는 복음을 전하셨고, 사단에게 눌린 자들을 고치셨으며 병들고 괴로워 하는 자들을 자유케 하셨다.

교사의 자격으로서 성령의 충만을 거론해야 하는 근본적인 이유는 무엇인가? 이에 대하여 주크가 간단명료하게 설명해 주고 있다.

첫째로, 중생한 교사들의 생활에 성령의 역사가 나타날 때에만 하나님의 손에 붙잡힌 효과적인 도구가 될 수 있기 때문이다.

둘째로, 하나님의 말씀은 살았고 운동력이 있으며(히 4 : 12) 성령과 함께 역사하신다. 성령의 사역은 진리를 합당하게 받아들이도록 한다(고전 2 : 12-15). 신학자 핫지(Charles Hodege)는

주님이 기뻐하시는 교사가 됩시다(Ⅱ)

"하나님의 말씀이 중생을 가져오기 위해서는 성령께서 초자연적으로 역사하심으로 믿지 않는 자의 영적인 무지를 제거하여 그들이 말씀이 지니고 있는 구원의 능력을 받아들일 수 있도록 하셔야만 된다."고 하였다.

성령께서 말씀과 함께 역사하실 때 비로소 믿음이 창조된다는 것이다. 사람들의 마음의 문을 여는 사역은 성령께서만이 하실 수 있다. 따라서 말씀을 전달하는 교사가 성령이 충만하고 하나님의 장중에 붙잡혀 있어야 하고 그의 사역에 성령이 함께 하시기를 기도해야 한다. 성령 충만은 기도 생활 없이는 불가능하다. 예수 그리스도는 지상의 모든 사람 중에 가장 많은 기도를 하신 분이었다. 그는 새벽기도(막 1 : 35), 금식기도(마 4 : 1-11), 산상기도(눅 22 : 39), 철야기도(눅 6 : 12, 9 : 28, 22 : 39) 등 기도에 힘썼다. 그 결과 그는 성령으로 충만하였다.

교사는 영혼을 구원하고 양육하는 사역에서 성령을 소홀히 한다면 아무런 의미가 없는 일이 되고 만다는 사실을 기억하자. 당신은 과연 성령에 붙들려 있는가 ?

소명의식이 분명한 사람

에베소서 4 : 11의 "그가 혹은 사도로, 혹은 선지자로, 혹은 복음 전하는 자로, 혹은 목사와 교사로 주셨으니"라는 말씀은 분명하게 교사가 성직이고 교역임을 가르치고 있다. 교사는 하나님께서 은혜로 주신 성직이요 전문직이다. 사도들은 자신을 교사로 이해하였으며 사도와 교사를 같은 의미로 사용하기도 하였다(딤전 2 : 7). 사도 바울은 스스로를 교사로 칭하였을 뿐 아니라 이어서 감독의 직분에서 교사의 자격과 능력을 강조하고 있다(딤전 3 : 2).

직업은 싫어도 할 수 있으나 교사는 사명감이 없이는 할 수 없는 것이다. 교사는 아무나 감당할 수 있는 직분이 아니다. 왜냐하면 교역은 사람의 일이 아니기 때문이다. 가르치는 일에 있어서 무엇보다 우선적으로 요구되는 자격은 이 일에 하나님의 부르심을 받았는가에 대한 확신이다. 교역에는 '섬김과 봉사'의 의미가 내포되어 있는 까닭에 사역자에게는 희생이 따르게 된다. 그러므로 철저한 소명의식이 없이는 직분을 수행하기 어렵다. 소명의식이 분명한 교사는 이 거룩한 직분이 자기 의사대로가 아니라 하나님의 부르심에 의한 것으로 믿으며, 이러한 사명감이 교사로 하여금 하나님의 영광을 위하여 성실히 직분을 감당하도록 하는 것이다.

뿐만 아니라 아무리 신앙이 깊고 학생들을 가르치려는 의욕이 있다 하여도 소명의식이 없다면 그것은 자기 의욕으로 하는 것이기에 생명력있는 가르침이 되지 않는다. 소명의식은 주일학교 교사로 하여금 하나님을 믿는 신앙에 더욱더 확신을 갖게 하고 교사직분에 책임감을 느껴 열심있는 교육을 하게 한다.

미국의 전대통령 카터는 대통령 재임시절에도 주일이면 꼭 비행기를 타고 시골의 자기 교회에 가서 교사의 일을 하였다고 한다. 미국의 철강회사 사장이었던 존 나니매이카도 정부의 재무장관으로 와 달라는 부탁을 했을 때 한 가지의 조건을 제시하였다. "내가 주일에는 주일학교에서 교사를 할 수 있도록 시간을 주겠다고만 약속해 달라"는 것이었다. 얼마나 철저한 사명의식인가, 이것이 교사에게는 절대 필요하다.

성경에 해박한 사람

교사의 임무는 성경의 진리 안에서 이루어진다. 성경을 떠난

주님이 기뻐하시는 교사가 됩시다(Ⅱ)

기독교는 이단이며 진리가 아니기 때문에 교사는 성경에 대한 올바른 지식을 갖추어야 한다.

교사의 가르치는 사역에 있어서 황금률인 말씀이 있다. "소경이 소경을 인도할 수 있느냐. 둘이 다 구덩이에 빠지지 아니하겠느냐"(눅 6 : 39). 소경은 소경 뿐만 아니라 그 누구도 인도할 수 없다. 성경에 대하여 소경인 교사가 어떻게 학생들을 성경의 세계로 인도할 수 있겠는가? 만일 성경에 대하여 해박한 지식이 없는 교사가 학생들에게 성경을 잘 가르치기를 소망한다면 그 자신이 먼저 성경을 배우도록 해야 할 것이다.

주일학교 학생들은 성경을 배울 권리를 가지고 있으며 성경을 잘 알고 있는 교사로부터 배울 특권이 있다. 교사라면 마땅히 그들의 권리에 응하여 주어야 할 의무를 가지고 있다. 교사의 이 의무에 대하여 콜슨 박사는 격려에 넘친 권면을 하고 있다. "당신은 그들에게 말씀을 알도록 해야 한다. 당신은 그 메시지를 능력있게 전해 줄 책임을 지니고 있다. 만일 당신이 학생들에게 그리스도를 알도록 지도하지 않으면 전혀 그리스도인이 되지 못할 것이다. 만일 당신이 그리스도인들에게 그들이 하나님의 말씀을 바르게 사용해서 성장하는 것을 돕지 못한다면 그들은 성숙한 열매를 맺는 그리스도인이 되는 대신 영적 성장이 저하된다."

교사가 풍부한 성경지식을 갖춘다는 것은 가르치는 자로서의 우선적인 자격이 될 것이다. 교사의 성경지식은 그가 맡은 학생들에게 그리스도를 알게 해주며 그리스도인의 삶으로 성장하도록 도와줄 수 있는 것이다.

교회가 교사를 세우는 목적은 교회에 위임된 말씀을 전하는 것과 가르치는 일을 맡기려는 의도에서다. 그런데 이 일을 맡은 교사가

성장하는 주일학교는 이런 교사를 원한다

여러 가지 테크닉에는 능하다 할지라도, 성경을 가르치는 교사로 적합하다고 할 수는 없다. 비록 테크닉이 모자라도 성경을 사랑하며 성경에 대한 지식을 갖춘 사람이라면 교사의 자격을 갖춘 것이다.

영혼을 사랑하는 사람

교사는 한 영혼의 가치는 천하보다 귀하다는 사실(마 16 : 26, 요 3 : 16, 눅 15 : 7, 10)을 기억하고 한 영혼 한 영혼을 위해 책임을 다할 수 있는 사람이어야 한다.

교육에는 전제 조건이 있다. 그것은 사랑이다. 교사는 학생들 각 개개인에 대한 일관된 사랑이 있어야 한다. 교사는 예수님께서 어떻게 인간을 사랑하셨는가를 살펴보아야 한다.

누가복음 15장에서 잃어버린 것을 찾아 기뻐하는 세 가지 사건을 읽을 수 있다. 잃어버린 한 마리 양을 찾고 기뻐하는 목자, 잃어버린 한 드라크마를 찾고 기뻐하는 여인, 잃어버린 한 아들을 찾고 기뻐하는 아버지이다. 이 비유들은 한 영혼에 대한 주님의 지극한 관심과 사랑을 보여주는 비유이다.

교사는 주님의 마음을 가져야 한다. 영혼의 귀중성을 알고 영혼을 사랑하며 아끼는 마음이 있어야 한다. 교사는 이 기쁨을 가져야 하고 마땅히 주님을 닮아야 한다. 디베랴 바닷가의 베드로와 다른 제자들을 찾아오신 주님은 제자 베드로에게 물으셨다. 요한복음 21 : 15 −17에 베드로에게 "요한의 아들 시몬아 네가 이 사람들보다 나를 더 사랑하느냐." "주여 그러하외다. 내가 주를 사랑하는 줄 주께서 아시나이다" 이 대답을 들으시고 "내 어린양을 먹이라", "내 양을 치라", "내 양을 먹이라"는 사명을 부여하셨다. 사명부여의 전제조건은 "네가 나를 사랑하느냐?"란 물음이었다. 이것은 바로 예수님이

●

주님이 기뻐하시는 교사가 됩시다(Ⅱ)

우리 인간들을 사랑하신 것처럼 인간을 사랑하는 신앙적 인격이 전제되지 않고는 교역을 감당할 수 없는 일이기에 하신 말씀으로 이해한다. 주님은 영혼 구령을 위하여 이 땅에 오셨으며, 한 영혼을 위하여 생명을 버리셨다. 교사는 주님의 이러한 마음을 가지고 있어야만 한다.

교육적 기준

학생들에 대해 올바른 태도

주일학교 교육은 만남을 전제로 하여 시작되는 인격교육이며 인간의 내적 변화를 추구하는 구속사적인 교육이다. 여기에서 제기된 만남이란 형식적이고 틀에 박힌 의도적인 만남을 의미하는 것이 아니라 인격대 인격의 만남이고, 사랑과 돌봄에 대한 응답적 차원에서 형성된 만남이다.

일방통행식의 교육은 좋은 교육결과를 기대할 수 없다. 교육대상자인 학습자에 대한 충분한 고려와 상황 파악이 선행되어야 학습자의 필요한 부분 또는 요구하는 내용을 잘 조화시켜 나아갈 수 있다. 이런 점에서 주일학교 교육은 무엇보다도 학습자에 대한 '눈높이 교육'이 되어야 한다.

교육하는 사람이 피교육자를 정확하게 알지 못한다면 그 교육은 난센스이다. 프랑스의 사상가 루소(J.J. Rousseau)는 말하기를 "교사는 자기가 생각하는 좋은 것만을 가르치려고 애쓰지만 학생들은 자기들이 이해되는 범위 내에서만 받아들이고 있다. 학생들에게 무엇을 가르쳤다면 그 학생들에게서 그 결과의 반응을 들어보는 것이 좋다. 그리하면 교사가 가르친 것이 학생들에게 어떤 영향을 주고 있는지 알 수 있을 것이다. 어떤 때는 학생들이 교사가 가르친 것을 정반대의 의미로 이해하고 있음을 알게 될 것이다"라고 하였다.

교사는 가르치기 이전에 학습자의 언어이해, 문화적 관심사, 심리적, 신체적 발달관계에 대한 기본 이해가 있어야 한다. 교사와 학습자간의 교수－학습과정의 정도가 적절하게 맞추어지지 않으면 아무리 귀한 말씀으로 열변을 토하여도 듣는 편에서는 그저 답답하고 싫증이 날 수밖에 없다.

교사가 학습자와의 관계에서 가져야 할 이상적인 태도에는 다음과 같은 것들이 포함이 된다.

첫째, 학생들을 위하여 최선을 다하며 무엇인가를 하려는 강한 욕구

둘째, 자기 중심적이지 않고, 소유적이지 않고, 학생들의 깊은 욕구에 맹목적이지 않은 사랑

셋째, 가르치고 있는 학생들을 계속해서 이해하는 일

넷째, 학생들을 있는 그대로 받아들이고 그의 가능성에 대한 믿음 뿐 아니라 학생들이 마땅히 있어야 할 자리로 그를 인도하고자 하는 열망

다섯째, 학생들을 감정, 욕구, 한계를 가진 한 인격체로 받아들이는 것

여섯째, 학생들이 무엇에 관심이 있는가에 대하여 진정한 관심을 가지는 것

일곱째, 학생들이 기뻐하는 일에 대한 진정한 이해와 학생의 눈높이로 사물을 보는 능력 등이다.

교사 자신의 잘못된 선입견을 가지고 학생들을 평가하며 가르칠 때 큰 실수에 봉착할 수밖에 없다.

주님이 기뻐하시는 교사가 됩시다(Ⅱ)

늘 배우고 연구하는 교사

배운다고 하는 것은 자기 향상의 정신이며 겸손의 정신이다. 교사가 가르치는 것 이외에 아무것도 배우려 하지 않는다면 그는 좋은 교사가 될 수 없다. 잠언 18 : 15에 "지혜로운 자의 귀는 지식을 구한다"고 하였다. 특별한 준비가 없이는 누구도 효과적으로 수업을 진행할 수 없다. 내용을 잘 알고, 아무리 오랫 동안 가르쳤어도 교사의 배움과 연구는 계속되어야 한다. 사명감을 가진 교사라면 단순히 그 해가 그 해이듯 판에 박은 듯한 가르침을 고수하지 않을 것이다. 좋은 교사는 자신을 비우며 날마다 배우려는 마음에서 조금도 늦추거나 인색해서는 안된다.

달라스 신학교의 교수인 하워드(Dr. Howard)는 "자신이 알지 못하고 경험하지 못한 것을 전달하는 것은 가능할 수 없다"고 하였고, 미국의 심리학자 홀(G. C. Hall)은 "교육자는 교육 받는 자보다 더 많이 공부하지 않으면 안된다"고 하였다. 괴테(Goethe)는 "학생에게 가르치고자 하는 양밖에 알지 못하는 교사보다 나쁜 사람은 없다"고 하였고, 사도 바울도 "다른 사람을 가르치는 네가 네 자신을 가르치지 아니하느냐"(롬 2 : 21)고 우리에게 교훈해 주고 있다.

꾸준한 연구를 통하여 가르치는 능력은 계속적으로 향상이 된다. 사명감을 가진 교사는 성경 연구와 더불어 교회에서 주어진 교육과정, 책자들과 인쇄물, 잡지들, 가르치는 학생들에 대한 연구와 그 자신의 교수방법 등을 연구하여야 한다. 개인적인 연구 외에 세미나, 연구과정, 회의 그리고 다른 종류의 훈련과정들을 이용할 수 있다. 사명감 있는 교사의 자세는 배우는 일을 계속하는 것이다. 교사는 더욱 효율적으로 학생들을 가르치기 위한 노력들을 경주해야 한다. 늘 연구하는 일을 계속하지 않는 사람은 바른 교사가 될 수 없다.

가르침에 대한 관심

세상에는 자신이 하는 일에 즐거움을 느끼지 아니하면서도 그 일에 능통한 사람들이 많이 있다. 그러나 교사의 일은 자신의 일에서 기쁨과 즐거움을 발견하지 못한다면 맡은 일을 성공적으로 수행하기란 상당히 어렵다. 아니 거의 불가능하기까지 하다. 가르치는 일 자체가 본질상 그 수행의 즐거움을 요구한다.

예일대학교의 교수인 윌리암 리욘 펠프스(William Lyon Phelps)는 "가르침이란 단순히 작업이나 직업 혹은 과업이거나 투쟁이라기보다는 열정(a passion)이다. 나는 가르치는 것을 사랑한다"고 하였다.

교사는 학생들의 얼굴에 처음으로 진리의 한 면을 알았다는 표정이 나타남을 볼 때에 기쁨을 느끼게 될 것이다. 이러한 느낌을 전혀 갖지 못한 교사는 그의 가르치는 일을 지속하여 나아가기 어려울 것이다.

충분한 준비를 갖춘 자

예수님은 교사 중에 교사이셨다. 예수님의 준비는 3가지 면에서 생각해 볼 수 있다. 예수님은 시간적으로 30년이라는 긴 세월을 심사숙고 하시고 공부하셨으며 하나님과 더불어 사귐을 가지심으로 준비하셨다. 뿐만 아니라 30년 동안 신체적, 사회적, 인격적, 정서적, 도덕적, 지적으로 모든 방면에서 완전히 성숙하였다. 또한 30세가 지난 후 예수님은 세례를 받고 광야에 나아가서 40일 동안 기도하신 후 마귀의 시험을 통하여 영적 훈련까지 마치셨다. 3년 동안의 공생애를 위하여 30년을 준비하신 것이다.

예수님은 성경에 관한 지식의 준비도 충분히 하셨다. 12세 때에

주님이 기뻐하시는 교사가 됩시다(Ⅱ)

예루살렘에 올라갔을 때, 성경의 박사들과 더불어 묻기도 하며 대답도 하실 정도였다. 리틀(J. W. Little)은 예수님의 성경 지식에 대하여 "예수님은 성경에 대하여 아주 익숙하여 가르치실 때에는 그것을 자유롭게 직접적으로 인용하거나 간접적으로 인용하였으며 자신이 생의 어려운 고비를 당하셨을 때 선택과 결정을 성경이 하게 하였다. 예수님은 구약 성경에 대하여 개인적으로 친숙하셨기 때문에 성경의 풍부한 종교적 경험과 영적 통찰력을 자유로이 활용하셨다. 예수님은 성경을 사랑하고 그 안에서 살고 성경으로써 그 생애를 인도하고 그의 가르침에 있어서 성경의 권위와 중요성을 인정하였다"고 하였다.

예수님은 성경 실력 뿐만 아니라 상식에 관한 실력도 대단하였다. 그는 하나님 나라를 말씀 하실 때에 직언보다는 비유로 말씀하셨다. 마태는 비유가 아니면 예수님께서 말씀하지 아니하셨다고까지 표현하였다(마 13 : 34). 예수님의 비유의 내용은 인간 생활 중에서 얻은 풍부한 지식이었다. 다시 말하면 예수님은 상식이 풍부하셨다. 이 풍부한 상식을 가지고 하나님의 말씀을 전하고 가르치신 것이다. 성경 실력이 가르쳐야 할 교육 내용이었다면 상식은 가르치는 수단이었다. 내용이 아무리 훌륭하다 하더라도 전달 과정이 좋지 못하면 교육은 효과를 볼 수 없다. 교사는 성경 지식 뿐만 아니라 효과적이고 능률적인 전달을 위해 상식도 많이 갖추어야 한다. 교사는 가르치기 이전에 많은 준비를 해야 한다.

학생들을 사랑하는 마음

바울은 고린도전서 12장에서 은사를 논한 후에 31절에서 "너희는 더욱 큰 은사를 사모하라. 내가 또한 제일 좋은 길을 너희에게

성장하는 주일학교는 이런 교사를 원한다

보이리라"고 하였다. 모든 은사를 소유한 사람이 있다 할지라도 사랑이 없이는 소용이 없다. 바울은 다음과 같이 말하고 있다.

"내가 사람의 방언과 천사의 말을 할지라도 사랑이 없으면 소리나는 구리와 울리는 꽹과리가 되고 내가 예언하는 능이 있어 모든 비밀과 모든 지식을 알고 또 산을 옮길 만한 모든 믿음이 있을지라도 사랑이 없으면 내가 아무것도 아니요. 내가 내게 있는 모든 것으로 구제하고 또 내 몸을 불사르게 내어줄지라도 사랑이 없으면 내게 아무 유익이 없느니라"(고전 13 : 1-3).

여기서 교사들이 배워야 할 바는 분명하다. 만일 우리에게 가르치는 재능이 있어 우주의 모든 비밀을 설명할 수 있다고 할지라도 사랑이 없으면 아무것도 아니요 우리의 가르침은 기계적이고 무익한 것이 될 것이다. 사랑은 교사로 하여금 학생들 개개인의 필요에 대하여 이름을 불러가며 기도하게 하고, 그들을 개인적으로 알게끔 한다. 교사는 학생들로 하여금 하나님께서 주신 가능성을 실현하도록 돕는 데에 자신을 내어주도록 한다. 현대인들은 남을 사랑하기 보다 사랑 받기를 원하고 관심의 대상이 되기를 원한다. 교사가 학생들에게 사랑과 관심을 가져줄 때 그들은 마음문을 열게 된다. 사랑을 가지고 학생들과 많은 시간을 갖도록 노력하고 그들의 생각과 행동을 이해하도록 하고 많은 대화를 갖도록 해야 한다. 이렇게 함으로 학생들을 어떻게 가르치고 지도할 것인가를 알 수 있기 때문이다.

학문적인 소양

교사는 다른 사람을 가르칠 만한 학문적 소양이 구비되어 있어야 한다. 그는 이 소양을 통해 지도자로서의 역할을 감당할 수 있다.

주님이 기뻐하시는 교사가 됩시다(Ⅱ)

지도자에게 학문적인 소양이 없다면 그는 지도자의 자격을 갖추지 못한 까닭에 지도자로서의 권위를 가질 수 없다. 교사에게는 학생들을 성도로서 돌아보는 직무에 따른 목양에 대한 지식이 있어야 한다. 이 지식은 영적인 통찰력과 아울러 교육적인 소양을 가리킨다.

교사는 교육적인 소양을 갖되 교육에 대한 전문인이 되어야 한다. 교사는 주일학교의 사역자이다. 교사는 자기 직분의 근거가 되고 있는 주일학교와 교회에 대한 전문적인 지식이 있어야 한다. 먼저 성경에 대하여 많이 알고 있어야 하며 성경을 해석하는 상당한 식견을 가지고 있어야 한다. 또한 교육의 실제에서 학습자들의 신앙의 물음에 책임있게 대답할 수 있는 능력이 있어야 한다. 사도 바울은 목회자로서 전문적인 지식을 가져야 할 것을 디모데에게 권면하고 있다. "네가 진리의 말씀을 옳게 분변하며 부끄러울 것이 없는 일꾼으로 인정된 자로 자신을 하나님 앞에 드리기를 힘쓰라"(딤후 2 : 15). 진리의 말씀을 옳게 분변하는 것이나 부끄러울 것이 없는 일꾼이란 바로 전문적인 지식에서 비롯되는 것이다.

인내의 사람

교육은 장기적인 안목과 인내심이 요구되는 일이다. 학생들에게 가르친 열매는 바로 기대하기 어렵다. 교육의 효과는 장기간에 걸쳐 나타나기 때문에 교사가 가질 덕목 가운데 하나는 인내이다. 인내의 사람이란 참을 줄 알며 견딤 가운데 기대를 갖는 사람을 가리킨다. 인내란 교사에게 빼놓을 수 없는 덕(德)이다. 학생들을 대하는 성인 교사로서 관용의 정신과 인내하는 마음이 있어야 한다. 학생들은 무엇이든지 잊어버리기를 잘한다. 나이가 어릴수록 이런 현상은 더욱 많이 발생한다. 몇 번씩 가르치는 것을 힘겨워 하지 말고 가르침

성장하는 주일학교는 이런 교사를 원한다

에 임해야 하며 의무와 책임에 대해서도 끊임없이 생각할 필요가 있다.

　학생들이 그리스도인으로 양육 받아 훌륭한 하나님의 사람으로 성장할 것을 기대하고 오직 참음으로 맡은 바 사명을 감당해야 한다. 계속하여 인내할 수 없는 상황에서도 주님께서 보이신 인내와 모범을 생각하면 큰 힘을 얻게 된다.

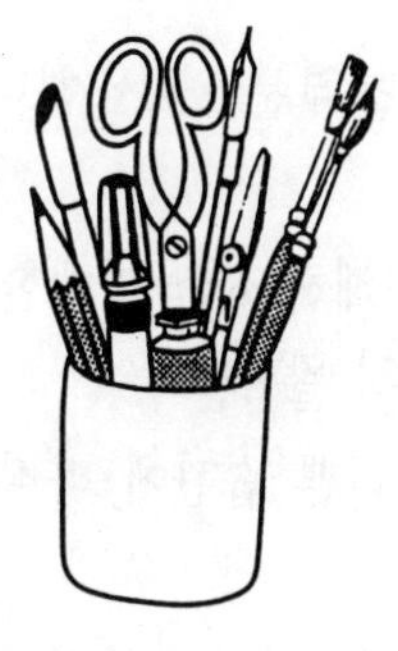

●

주님이 기뻐하시는 교사가 됩시다(Ⅱ)

주일학교 교사의 자기 평가서

다음 문장을 읽고 해당란에 번호를 표시 하시오.
각 문장에 ① 드물게 ② 자주 ③ 언제나

1. 나의 영적인 생활과 경험
 1) 내 자신의 문제들에 대한 하나님의 해답을 성경에서 찾는다.
    (   )
 2) 일상생활의 필수적인 부분으로서 하나님과 기도로 교통한다.
    (   )
 3) 하나님의 말씀을 이해하고 그 이해한 것을 생활에 적용하기
    위해서 매일 성경을 연구한다. (   )
 4) 그리스도인으로서 나쁜 습관에 빠질 유혹에 저항한다.
    (   )
 5) 나는 내 개인적인 생활에서나 타인과의 관계 속에서 성령의
    열매(갈 5 : 22−23)를 나타낸다. (   )
 6) 나는 가정에서나 사업, 사회생활 속에서 내가 아는 한 하
    나님의 뜻을 행한다. (   )
 7) 모든 일에 있어 나의 주된 동기는 주님을 기쁘시게 하고
    그를 영화롭게 하는 것이다. (   )

2. 임무에 대한 나의 준비
 1) 나는 기도와 연습으로 내 반을 가르치기 위해 자신을 영적
    으로 준비한다. (   )
 2) 나는 내 반의 학생들을 위해 그들의 특별한 필요를 기억

●

하여 기도한다. (   )

3) 내가 가르치는 공과의 단원 목적과 그 날의 목표를 알고
   가르친다. (   )

4) 일찍 오는 학생들을 위해 시간 전 학습을 계획한다. (   )

5) 나는 성경에서 직접 교수 계획을 세운 학습 교안을 가지고
   가르친다. (   )

6) 나는 공과에서 제시되는 시각자료를 사용하여 가르친다.
   (   )

7) 나는 학과를 가르치기 전에 시각재료 사용을 연습한다.
   (   )

8) 나는 학과 준비를 위해 매주 두 시간 이상을 사용한다.
   (   )

3. 나의 학급 시간

1) 성경 내용의 의미에 대해 학생들이 스스로 생각하는 것을
   돕기 위해 그들의 참여를 장려한다. (   )

2) 나는 다양한 교수법을 사용한다. (   )

3) 집에서 학생들이 성경을 공부하도록 학생 교재 사용을 권
   장한다. (   )

4) 나는 반 학생들이 이해하는 어휘를 쓰며 어려운 단어의 뜻을
   설명해 준다. (   )

5) 나는 학생들이 이해하고 있는지, 또 성경 진리를 적용할 수
   있는지 알아보기 위해 학생들의 말을 귀기울여 들어준다.
   (   )

6) 나는 내 학생들이 그들의 일상생활에 성경진리가 어떻게

주님이 기뻐하시는 교사가 됩시다(Ⅱ)

연관되는지 알도록 이끌어준다. (   )

7) 나는 과제를 제시해 줌으로 학생들이 성경진리를 실천하도록
   권장한다. (   )
8) 나의 교수 기술은 내 학생들의 높은 흥미로 입증되고 있다.
   (   )

4. 교사로서의 나의 성장

1) 나는 매 주일 교사 기도회에 참석한다. (   )
2) 나는 교육지도자(또는 부장)가 소집한 모임에 참석한다.
   (   )
3) 나는 가까운 교사 세미나에 참석한다. (   )
4) 나는 교사강습회에 참석한다. (   )
5) 나는 기독교 교육서적과 잡지를 읽는다. (   )
6) 나는 내 반에 교육지도자를 초청하여 관찰하게 하고 개선할
   점을 제시하게 한다. (   )
7) 교사로서의 임무를 더 잘 수행하기 위해 다른 기회를 살리는
   데 민첩하다. (   )

5. 내 학생들과의 개인적인 관계

1) 나는 적어도 일 년에 한 번은 각 학생의 집을 방문한다.
   (   )
2) 나는 적어도 3개월에 한 번은 내반을 위하여 사회적인 활동을
   계획한다(유년부 이상). (   )
3) 나는 학생과 개인적인 친분을 배양하여 그들의 필요를 찾
   아내고 그 필요에 맞는 분명한 계획을 세울 수 있게 한다.

●

성장하는 주일학교는 이런 교사를 원한다

(   )

4) 각 학생들과 개인적으로 그리스도와의 관계에 대해 이야기 (구원상담)를 한다. (   )

5) 한 학생이 결석하면 주일 오후나 월요일에 전화하거나 엽서를 보낸다. (   )

6) 계속해서 두 주간 결석하면 그 학생 집을 심방한다. (   )

주님이 기뻐하시는 교사가 됩시다(Ⅱ)

참고도서

- 권영섭, 교사지침서, 한국어린이전도협회, 1986. pp.10-11.
- 여의도순복음교회편, 교사대학 교재, 서울서적, 1984. pp. 136-138.
- 교사의 벗, 교회교육 현장백과 1, 말씀과 만남, 1994. pp. 58-62.
- 교사의 벗, 교회교육 현장백과 3, 말씀과 만남, 1994. pp. 197.202-203.
- 한치호, 주일학교 신입반 운영 핸드북, 파이디온 선교회, 1992. pp. 25-41.
- 한치호, 공과교수법, 늘빛출판사, 1990. pp. 53-57.
- 한치호, 주일학교 교사 핸드북, 기독교문서선교회, 1991. pp. 36-42, 141-145.
- 이선희, 교회학교 교사교육, 나침반, 1994. pp. 17, 41-44.
- 뮤리엘 블랙웰, 어린이 사역 소명론, 최기운 역, 파이디온 선교회, 1993. pp. 26-27, 75-81.
- 감리교신학대학 한국선교·교육 연구원, 교회교육 핸드북, 대한기독교출판사, 1977. p. 110.
- 오인탁, 정웅섭 공저, 교회 교사교육의 현실과 방향, 대한기독교출판사, 1987. pp. 34-39.
- 이용윤, 교사학교 훈련교재, 은혜, 1993. p. 46.
- 임세빈, 교사교육 지침서, 한국어린이교육선교회, 1985. pp. 223-230.
- 송길원, 좋은 교사의 자질과 역할, 양문출판사, 1989. pp. 8-23.
- 손종국, 청소년 지도, 예루살렘, 1993. pp. 108-137.

성장하는 주일학교는 이런 교사를 원한다

• 엄문용, 교육 상담 가이드, 한국문서선교회, 1986. pp. 23-24, 188-190.
• 박창규, 주일학교 모범 교사지침서, 은혜, 1994. pp. 16-18.
• 한치호, 성경의 세계로 아이들을 초대하라, 크리스챤서적, 1991. pp. 72-73.
• 신종국, 교사 실무 핸드북, 정인, 1993. pp. 43-84.
• 한치호, 어린이 분반사역, 크리스챤 서적, 1991. pp. 39-41, 64-73.
• 노르만 E. 하퍼, 현대 기독교 교육, 이승구 역, 엠마오, 1984. pp. 165-178.
• 강병진, 아동교육, 기독교문서선교회, 1989. pp. 41-57.
• 김득렬, 학습과 지도, 대한예수교장로회 출판부, 1979. pp. 232-241.

9장

우리는 선생님이 이런 분이기를 원해요
- 주일학교 교사의 역할

"이제부터는 너희를 종이라 하지 아니하리니 종은 주인의
하는 것을 알지 못함이라. 너희를 친구라 하였노니 내가 아
버지께 들은 것을 다 너희에게 알게 하였음이니라"
(요 15:15)

교사에게는 업무 수행상 자신이 담당해야 할 역할이 있다. 역할이란 동일한 지위에 있는 모든 사람들의 공통적 생활양식이나 사회의 다른 구성원들이 기대하는 행동유형으로 정의되지만 역할이라는 말 속에는 교사가 가지는 사회적 지위와 그 지위에 관계된 책임있는 행동양식이 포함되어 있다. 교사의 역할이 중요하기 때문에 교사의 역할은 분명히 명시되어야 한다. 교사는 자기의 역할들을 반드시 기억하여 자기 것으로 만들어야 한다.

친구로서의 역할

교사가 할 수 있는 역할 중에 중요한 것은 학생에게 친구가 되어주는 일이다. 여기서 친구의 의미는 동료대 동료의 관계가 아니라 학생과 교사의 관계를 의미한다. 곧 의사 소통을 가능케 하는 인격적 관계이며 관심을 가지고 귀를 기울이며 서로 성장하며 함께 시간을 보내는 역할을 말한다.

성경의 참된 친구로 다윗과 요나단을 생각할 수 있다. 요나단은 아버지 사울의 미움을 사면서까지 다윗과의 우정관계를 포기하지 않았다. 예수님은 그의 사랑하시는 제자들을 친구로 부르셨다. "이제부터는 너희를 종이라 하지 아니하리니 종은 주인의 하는 것을 알지 못함이라. 너희를 친구라 하였노니 내가 내 아버지께 들은 것을 다 너희에게 알게 하였음이니라"(요 15 : 15). 예수 그리스도와 제자들의 관계는 분명히 스승과 학생 사이였다. 그런데 예수님께서는 제자들을 친구라고 부르신 것이다. 친구라고 부른 이유는 서로 비밀이 없기 때문이라고 하셨다. 예수님은 오늘 우리와도 친구가 되어주신다. 주목할 일은 예수님께서 제자들을 친구 삼아 주신 것이다.

우리는 선생님이 이런 분이기를 원해요

교사 스스로도 학생들과 친구가 되어 주어야 한다. 예수 그리스도와 제자들 사이처럼 서로 틈이 없으며 동고동락해야 한다. 잠언 17 : 17에 "친구는 사랑이 끊이지 아니한다"고 했고, 18 : 24은 "어떤 친구는 형제보다 친밀하다"고 했다. 교사는 학생들을 알아야 한다. 학생들의 생활 속에 깊이 파고 들어가야 한다. 교사가 학생의 입장에서 그들을 이해하고 가르치는 것은 대단히 중요하다. 학생들 대부분은 자신의 문제를 바로 친구들에게 상담한다. 교사는 학생들이 가지고 있는 문제들을 함께 고민하며 바른 길로 인도해야 한다.

학생들과 공감대를 형성할 수 있는 관심과 사랑을 소유한 교사가 되어야 한다. 학생들과 함께 보낼 수 있는 넉넉한 시간을 마련하라.

상담자로서의 역할

세익스피어가 "13세부터 20세 사이의 시기가 없었으면 좋겠다. 아예 잠들어 버렸으면 좋겠다"라고 했을 만큼 청소년기와 초등학교 시기는 많은 고민과 문제들이 혼합되어 있다(근래에는 초등학교 학생 중에도 고민이 많아 괴로워하는 학생들이 많이 있다). 상담이란 상담자가 도움을 필요로 하는 내담자에게 전문적 지식과 기능을 가지고 자신(내담자)과 환경에 대한 이해를 증진시키며, 합리적이고 현실적이며 효율적인 행동양식을 증진시키거나 의사 결정을 내릴 수 있도록 원조하는 활동이다. 상담은 학생들의 문제를 바르게 지적해 주는 가장 합리적인 수단이며 가장 과학적인 방법이다. 교사는 상담을 통하여 깊이 있는 교육을 할 수 있다. 예수님의 니고데모와의 상담(요 3장), 사마리아의 수가성 여인과의 대화와 상담(요 4장)은 대표적인 것이다.

교사는 학생들과의 상담을 통하여 교육의 장을 깊이 있게 다룰 수가 있으므로 교사는 이 일을 감당하기 위하여 학생들과 친밀하고 밀접한 관계를 맺어야 한다.

다른 하나는 교사가 학부모와 상담하는 것이다. 상담을 통해 연령에 따라 적당한 책이나 참고 자료를 학부모에게 소개하여 줄 수도 있다. 그리고 학생들의 영적 성장에 대해 의논할 수도 있다. 학부모와도 만나 이야기하여 학생들을 관찰하고 이해함으로 상담자로서의 교사 역할을 감당할 수 있게 될 것이다.

상담에 있어서 가장 큰 도구는 성경이다. 네레무어(C. M. Narramore)는 "성경은 단순한 과학적인 발견이나 적합한 배경의 장식용 모자가 아니다. 성경은 생명체를 위하여 실제하는 영화로운 권위이다. 성경은 십자가에서 죽으시고 다시 살아나신 그리스도를 통한 우리의 구속과 영생의 소망을 나타내셨거니와 매일 매일의 생활에 대한 영광스러운 입문서요 안내서다. 성경만이 어느 나라, 어느 세대에서도 상담자들의 손에 든 가장 좋은 도구요 치료기구이다"라고 갈파했다.

상담자는 내담자들에게 인간의 삶에는 한계가 있음을 알도록 하고 자신을 가치있게 하나님께 바치므로 하나님을 영화롭게 할 수 있다는 가능성을 보여줌으로 그리스도 안에서 보다 성숙한 인간이 될 수 있도록 도와야 한다.

중계자로서의 역할

교사가 수행하는 교육은 모르던 것을 가르쳐 알게 하는 것이다. 주일학교 교사는 학생들이 하나님을 올바르게 믿게 가르치며 양육

우리는 선생님이 이런 분이기를 원해요

하는 중계자이다.

교사는 학생들에게 그리스도 안에서 학생들이 그들의 신앙고백을 하는 일을 도와야 한다. 회심하며 신앙을 고백하게 하는 일은 하나님께서 주시는 특별한 선물이다. 회심은 자기의 노력으로 되는 것이 아니고 훈련의 결과도 아니다. 회심은 처음부터 마지막까지 하나님의 소관이다. 하나님께서 마음문을 열고 회심할 수 있는 은혜를 주셔야 회심할 수 있는 것이다. 그렇다면 회심에 있어서 교사의 역할은 아무것도 없는 것일까? 결코 그렇지 않다. 예수 그리스도께서는 "회개하라"고 강력히 촉구하셨으며, 이 촉구를 제자들에게 맡기셨다. 그러므로 제자된 교사들은 자신에게 단 한 사람도 회개시킬 수 있는 능력이 없다 하더라도 모든 사람들을 향하여 예수 그리스도의 권고(勸告)를 전할 수 있다. 아니 당연히 전하는 자들이 되어야 한다. 오순절 성령강림을 체험한 베드로의 첫 설교 역시 예수님처럼 "너희가 회개하여 각각 예수 그리스도의 이름으로 세례를 받고 죄사함을 얻으라"(행 2 : 38)는 것이었다.

오늘날의 교사에게 주신 사명이 무엇인가? 회개하라는 예수 그리스도의 권고를 전하는 일이다. 회심케 하시는 하나님의 도구가 되는 일이다. 주일학교 교사는 하나님과 학생들을 연결시켜 주는 다리이다. 단순히 성경말씀을 전달하거나 교회에 나오는 학생들을 장년이 되기까지 효율적으로 붙들어 놓기 위해서 주일학교가 있는 것이 아니다. 학생들이 하나님 나라의 백성으로 살아가도록 하기 위해, 그들에게 회심을 권고하는 중계자로 세움 받은 교사가 되었다는 소명감을 갖고 있어야 한다. "우리가 보고 들은 바를 너희에게도 전함은 너희로 우리와 사귐이 있게 하려 함이니 우리의 사귐은 아버지와 그 아들 예수 그리스도와 함께 함이라. 우리가 이것을 씀은 우리의 기쁨이 충만케 하려 함이로다"(요일 1 : 3, 4).

조력자로서의 역할

교사는 원칙적으로 주일학교 안에서 학생들을 돕는 사람이다. 교사는 필요한 지식을 가르치는 것이 제일의 임무이지만 단순한 지식 전달만이 아니라 중요한 지식을 이해하고 새로운 지식을 발견하고 이미 얻은 지식을 적용하게 하여 학습자로 하여금 문제를 해결하도록 도와주는 역할을 해야 한다. 교사는 자신이 가르치는 학생들에게 말로써, 기도로써, 진리를 표명하는 것으로, 그들과 함께 있어 주는 것으로, 우리가 가진 것들을 나누어 줌으로써 그들을 격려할 수 있다.

성경은 말한다. "곧 이같이 수고하여 약한 사람들을 돕고"(행 20 : 35). "사람이 자기 아들을 안음같이 너희 하나님 여호와께서 너희의 행로 중에 너희를 안으사"(신 1 : 31). 하나님께서 우리를 보호하시고 돌보심 같이 그들에게 이러한 도움이 필요하다.

특별히 조력자로서의 교사 역할에 있어서 그들의 주변환경(교육, 학습환경, 생활환경)을 도와주어야 할 것이다.

●

우리는 선생님이 이런 분이기를 원해요

〈어린이가 자란다면〉

어린이가 비난 속에서 자란다면 그는 비난하기를 배운다.
어린이가 적대 속에서 자란다면 그는 싸우기를 배운다.
어린이가 조소 속에서 자란다면 그는 수줍어하기를 배운다.
어린이가 수치 속에서 자란다면 그는 죄의식을 배운다.
어린이가 관용 속에서 자란다면 그는 인내하기를 배운다.
어린이가 격리 속에서 자란다면 그는 자신감을 배운다.
어린이가 칭찬 속에서 자란다면 그는 감사하기를 배운다.
어린이가 공평 속에서 자란다면 그는 정의를 배운다.
어린이가 안정 속에서 자란다면 그는 신앙 갖기를 배운다.
어린이가 승인 속에서 자란다면 그는 사랑을 배운다.
어린이가 용납과 우정 속에서 자란다면 그는 세상에서 사랑
발견하기를 배운다.

촉진자로서의 역할

촉진자로서의 교사는 학생들로 하여금 자발적으로 교육에 참여할 수 있도록 격려하는 교사다.

더글라스(Paul F. Douglass)는 지도자형을 분류함에 있어서 독재형과 촉진자형으로 나누었다. 독재형의 교사는 학생들을 향해 강압적인 폭력을 휘두르든지 아니면 교사 중심적인 형태의 지도자이다. 그러나 촉진자형의 교사는 그룹이 움직일 수 있도록 조직자와 조성자로서의 숨은 노력을 다한다.

인간의 수많은 동기(motive)는 여러 요구(need)에 의해 촉진

성장하는 주일학교는 이런 교사를 원해요

되며 요구를 만족시킬 수 있는 목표지향적 행동을 일으킨다. 학습 행동은 동기 유발에서 시작되며, 학습을 촉진하는 동기를 유발하며 유지하는 일은 교사의 매우 전문적이고 중요한 기술이다.

촉진자로서의 교사는 항상 학생들의 참여와 반응을 자극하고 격려하는 입장에 서게 된다. 교사는 좋은 학습지도자로서 문지기의 역할을 잘 감당하여 학습 현장에서 형성되는 의견들을 종합 평가하여 그룹 속에 투입시키며 항상 탐색, 탐구하는 태도로 실험하고 보완해 나가는 자세를 갖고 때맞춤(timing)과 소통(communication)의 흐름에 관심과 주의를 경주함으로써 학습과정을 활기있게 촉진시키는 힘을 연마해 나아간다.

뿐만 아니라 교사는 학생들이 가지고 있는 은사를 불러 일깨워야 한다. 교사는 학생들에게서 가능성을 바라보는 안목을 가져야 한다. 모세의 어머니 요게벳이 모세의 준수함을 보았듯이, 예수님께서 베드로의 혈기와 도마의 의심 속에서도 가능성을 보았듯이 교사에게는 학생들을 보는 안목이 필요하다.

교사는 학생들을 일깨우기 위하여 끊임 없이 도전하고 질문하고 대답해 주어야 한다. 예, 아니오를 묻는 질문보다 사고력, 발표력, 분석력, 종합력, 평가력을 신장시켜주는 질문을 개발해야 한다.

또 필요하다면 그들을 자극하기 위해 칭찬할 수도 있다. 칭찬은 인정과 신뢰의 표현이기 때문에 큰 힘을 얻게 된다. 칭찬은 학생들의 많은 힘과 활력을 불러 일으키는 교사의 긍정적 가치 평가이다.

인도자로서의 역할

인도자란 가르치는 자요, 이끄는 자이며 안내자요 또는 길잡이

●

우리는 선생님이 이런 분이기를 원해요

라고 할 수 있다. 많은 벼랑 사이의 작은 길과 섬들이 있는 호수는 넓고 지리가 낯설은 것이다. 이 경우에 그곳의 지리를 잘 아는 인도자가 있는 것이 좋다. 인도자의 역할은 어떤 길을 가르쳐 주는 임무와 비슷하다. 인도자는 그 지역을 잘 알고 있는 자이다.

한때 예수님께서는 천박하고 왜곡된 율법 지식을 가지고 있는 율법사들 즉 '소경된 인도자'에 대하여 혹독하게 책망하셨다(마 23 : 24). 그들은 디모데전서 1 : 6, 7에 기록된 바 "자기의 말하는 것이나 자기의 확증하는 것을 깨닫지도 못하면서 헛된 논의 속에 빠져 율법의 선생이 되려하는 어떤 사람들"과 같다. 길을 잘 알지 못하는 사람은 인도자의 역할을 잘 감당할 수 없다.

사도행전 8 : 26-39에 나오는 빌립과 이디오피아 내시와의 만남은 능숙한 교사가 안내자로서의 기본적인 기능을 수행하는 상황을 묘사해 주고 있다. 길을 보여주는 것이 인도자의 주된 기능이다. 주일학교 교사는 자신이 먼저 믿고 깨달은 진리를 학생들에게 가르치고 그들을 구원의 길로 이끌며 안내해야 할 기능을 가지고 있다는 사실을 잊지 말아야 한다.

하나님은 언제나 사람을 통해 일하시며 당신의 뜻을 성취하신다. 하나님께서 세우신 인도자는 다른 사람에게 단순히 방향만을 제시하는 소극적이고 피동적인 존재가 아니라 사람들을 대표하여 앞장서서 앞으로 전진하는 자이다. 자신이 인도하고자 하는 사람의 앞에 서서 자신이 먼저 행해야 할 모든 행위를 모범적으로 이루는 존재이다. 바울의 말처럼 "그리스도를 본받은 나를 본받으라"고 외칠 수 있는 사람이다. 교사는 자신이 믿고 따르는 성경의 진리를 학생들이 스스로 깨닫고 발견할 수 있도록 이끌어 주며 그들의 진정한 안내자로 교사의 기능을 다해야 한다.

성장하는 주일학교는 이런 교사를 원한다

교정자로서의 역할

교사는 자신이 관리하는 학생들의 잘못이나 그릇된 생각을 올바른 가치관과 사고로 바꾸어주고 교정하는 사람이다.

"초달을 차마 못하는 자는 그 자식을 미워함이라. 자식을 사랑하는 자는 근실히 징계하느니라"(잠 13 : 24). "채찍과 꾸지람이 지혜를 주거늘 임의로 하게 버려두면 그 자식은 어미를 욕되게 하느니라"(잠 29 : 15).

주께서 우리에게 베푸신 사랑으로 학생들을 훈육하고 훈계하고 처벌하며 교정하는 노력이 교사들에게 요구된다. 우리가 처벌이라는 용어를 쓸 때 단순히 학생을 처벌하는 수단 이상의 훈육과 통제, 질서의 수립, 훈련, 양육 등의 의미를 내포하고 있음을 분명히 해야 한다. 징계(처벌)에는 말로 하는 교훈과 벌을 주어 바르게 하는 방법 모두가 포함됨을 상기할 필요가 있다. 위의 잠언의 말씀을 생각할 때 우리는 회초리를 분노 가운데서가 아니라 항상 사랑 가운데 현명하게 사용할 수 있다. 다음의 영국 기독교사회의 체벌 기준을 따르는 것은 의미가 있다고 본다.

첫째, 너무 빈번한 처벌은 효과를 상실한다. 가능한 한 처벌은 즉각적인 반응보다 특별한 강조점을 제시하는 것이어야 하고 처벌의 이유가 당위적인 것으로 여길 수 있어야 한다.

둘째, 위반 행위에 대해 지나칠 정도의 처벌을 삼가야 한다. 지나친 처벌은 단지 개인적인 보복으로 보일 수 있기 때문이다.

셋째, 처벌은 공평무사(公平無私)해야 한다.

넷째, 무모하고 기를 죽이는 처벌은 삼가야 한다. 처벌은 쓸모 있는 일을 하는 것으로 되어야 한다.

●

우리는 선생님이 이런 분이기를 원해요

다섯째, 처벌에 대해서는 견해가 다양하다. 학생의 기초생활, 즉 말이 통하게 하기 위해서 처벌이 필요한데, 적절한 시기가 지나고 나서는 신체상 처벌은 매우 극단적인 수단(남학생에게는 드물고 여학생에게는 생각조차 할 수 없는 것)으로 여겨져야 한다는 것이다.

여섯째, 만일 학생이 처벌의 대상물로 전락한다면 말로든 신체적으로든 단지 굴욕감만 주는 처벌이 될 수 있으며 결국 자멸적인 것이다.

주일학교 교사가 이와 같은 교사의 역할을 인식하게 될 때 훌륭한 교사로서의 자질을 갖출 수 있는 기본이 될 것이다. 왜냐하면 역할인식이란 곧 책임있는 행동으로 나타나야 하기 때문이다.

성장하는 주일학교는 이런 교사를 원한다

참고도서

- 여의도순복음교회편, 교사대학 교재, 서울서적, 1984. pp. 138-139.
- 교사의 벗, 교회교육 현장백과 1, 말씀과 만남, 1994. pp. 87-88..
- 교사의 벗, 교회교육 현장백과 2, 말씀과 만남, 1994. pp. 40-45.
- 교사의 벗, 교회교육 현장백과 3, 말씀과 만남, 1994. pp. 181-182.
- 한치호, 어린이 분반사역, 크리스챤 서적, 1991. pp. 47-48, 91-93.
- 한치호, 주일학교 신입반 운영 핸드북, 파이디온 선교회, 1992. pp. 44-47.
- 이선희, 교회학교 교사교육, 나침반, 1994. pp. 44-47.
- 감리교신학대학 한국선교·교육 연구원, 교회교육 핸드북, 대한기독교출판사, 1977. pp. 103-106.
- 오인탁, 정웅섭 공저, 교회 교사교육의 현실과 방향, 대한기독교출판사, 1987. pp. 29-34.
- 도날드 그릭스, 교사훈련을 위한 지침서, 김광률 역, 대한예수교장로회출판국, 1989. pp. 13-17.
- 송길원, 좋은 교사의 자질과 역할, 양문출판사, 1989. pp. 24-40.
- 손종국, 청소년 지도, 예루살렘, 1993. pp. 120-123.
- 엄문용, 교회의 현장교육, 대한기독교출판사, 1985. pp. 76-84.
- 김광태, 정화영 공저, 크리스챤 캠프카운셀링, 크리스챤서적, 1991. pp. 20-22.
- 주금용, 성공적인 교사가 되는 길, 지혜원, 1993. pp. 46-47.
- 신재성, 친애하는 교사 여러분 !, 두돌비, 1994. pp. 45-73.

우리는 선생님이 이런 분이기를 원해요

• 원준자, 효과적인 반목회, 파이디온 선교회, 1991. pp. 25-38.
• 루시언 E. 콜만 II세, 교육하는 교회, 박영철 역, 요단출판사, 1987. pp. 103-122.
• 데이빗 E. 젠킨스, 어린이 이해와 기독교 교육, 윤형복 역, 엠마오, 1987. p. 20.

성장하는 주일학교는 이런 교사를 원해요

10장

교사여! 푯대를 가집시다

"우리의 교육 목적은 우리들이 가르치는 학생들의 생활에 무엇인가 변화가 일어나도록 하는 데 있다."

— 벤슨

건축가는 처음에 설계도를 꾸미고 그리고 나서 건축 자재를 모은다. 그와 같이 교사는 분명한 목표가 있어야 한다. 그러나 주일학교 교사들 중에는 교육의 목표 설정조차 제대로 되어 있지 않은 이들이 많이 있다(목표가 분명치 않을 때 그 교육은 실현될 수가 없다). 오늘날 교육의 현장(세속교육이든 주일학교 교육이든)은 하나의 과정에 지나지 않을 것을 절대가치의 명제처럼 걸어두고 지적 능력 향상에만 끝없는 경쟁을 하고 있음을 보면서 안타까움을 느낄 때가 많다.

이러한 전제하에 시작되는 주일학교의 현장은 단순히 공과 혹은 성경말씀 전달장소로 만족해 버린다. 교사는 20-30분 동안 공과를 전달해 준 것으로 자신의 임무는 끝이다. 학생들이 회심을 체험하고 있는지, 그들에게서 그리스도의 인격이 나타나고 있는지에 대한 확인 없이 학생들에게 일방적으로 성경을 가르쳐 주고 율동과 게임을 하고 시험을 치고 시상을 하고 그리고 교회 밖으로 나가면 잊어 버린다. 이처럼 외적인 교사의 임무에 주된 관심이 가 있다면 주일학교 교육은 본연의 사명을 저버리고 있는 것이다.

지금까지 교육 목표의 수는 기독교 교육철학을 전공한 사람의 수만큼 많다고 할 수 있다. 그러나 주일학교 교육의 목표는 성숙한 사람으로 양육하는 데 있다. 즉 하나님 앞에서 온전한 사람으로 서도록 하는 것이다. 이를 디모데후서 3 : 17에서는 "하나님의 사람으로 온전케 하며 모든 선한 일을 행하기에 온전케 하려 함이니라" 라고 표현하고 있다. 이를 구체적으로 하나하나 생각해 보자.

교사여! 푯대를 가집시다

거듭남

　주일학교에 맡겨진 우선적인 과제는 학생들이 거듭나도록 돕는
데 있다. 학생들은 마땅히 거듭나야 한다. 거듭나야 하나님 나라를
볼 수 있으며 하나님 나라에 들어갈 수 있기 때문이다(요 3 : 3,
5). 우리가 성경을 가르치는 일은 학생들이 거듭나도록 도와주는
작업이 되어야 한다. 바울은 디모데에게 편지를 쓰면서 분명하게
기록하고 있다. "또 네가 어려서부터 성경을 알았나니 성경은 능히
너로 하여금 그리스도 예수 안에 있는 믿음으로 말미암아 구원에
이르는 지혜가 있게 하느니라"(딤후 3 : 15).

　기독교 교육학자 벤슨(Benson)은 "우리의 교육목적은 우리들이
가르치는 학생들의 생활에 무엇인가 변화가 일어나도록 하는 데
있다"고 했다. 학생들 각 개인이 예수 그리스도를 개인의 구주로
모셔 전인격적인 변화가 일어나서 자신의 신앙을 고백하고 구원의
확신을 갖도록 하는 것이다. 나아가 그리스도인으로 자라나고 그
리스도의 장성한 분량에까지 이르도록 해야 한다. 그리고 그 자신은
자신의 삶을 통해 예수 그리스도의 증인된 삶을 살아야 하는 것이다.

　학생들의 생활에 영적인 변화가 일어나도록 하기 위해 회심을
권고하는 교사들이 되어야 한다. 사도 바울이 하나님께서 '이방인
에게도 생명을 얻는 회개'를 주신 것을 보고 놀란 것처럼(행 11 : 18)
교회 교사들 역시 회심 권고의 사역을 잘 감당하므로 학생들이
회심하는 것을 보고 놀라움과 감격을 체험해야 할 것이다.

　이 원리에서 교사가 기억해야 할 것은 영혼이 새로운 생명으로
탄생되는 일은 사람의 일이 아닌 성령의 사역이란 것이다. 그러나
교사는 이 일을 수종드는 자가 되어야 한다. 교사는 학생들이

거듭남을 돕도록 부르심을 받은 자요, 주일학교는 새생명이 탄생하는 산부인과가 되어야 한다. 맡은 영혼 하나하나가 교사의 기도와 구원으로의 초대를 통하여 성령의 사역을 기다리도록 인도되어야 한다.

온전한 사람

"이는 성도를 온전케 하며"(딤후 3 : 17, 엡 4 : 12 상)라는 말씀을 주석하면서 폴크스(Francis Foulkes)는 "교회의 모든 직책은 성도를 온전케 하기 위하여 주어졌다"고 서술하였다. 성도를 온전한 사람이 되도록 한다는 것은 그리스도인의 믿음 가운데 부족한 부분들을 채워준다는 것을 가리킨다. 이것을 갈라디아서 6 : 1에서는 타락한 사람에게 영적인 건강을 회복시켜 주는 것으로 설명하고 있다. 교사의 목표를 생각할 때 학생들을 온전케 한다는 것은 그들이 '그 있어야 할 상태'에 있도록 해주는 것이다. 교사의 목표는 하나님의 형상을 닮은 한 영혼 한 영혼이 마땅히 있어야 할 상태에 있도록 가르치고 도와주며 인도하는 데 있다.

봉사의 일을 하게 함

교회를 가리켜 공동체라고 일컫는 것은 교회를 이루는 사람들이 서로 지체가 되기 때문이다. 에베소서 2 : 19-22에 "그러므로 이제부터 너희가 외인도 아니요 손도 아니요 오직 성도들과 동일한 시민이요 하나님의 권속이라. 너희는 사도들과 선지자들의 터 위에 세우심을 입은 자라. 그리스도 예수께서 친히 모퉁이 돌이 되셨느니라. 그의 안에서 건물마다 서로 연결하여 주 안에서 성전이 되어

교사여! 푯대를 가집시다

가고 너희도 성령 안에서 하나님의 처소가 되기 위하여 예수 안에서 함께 지어져 가느니라"고 하였다. 교사는 주일학교에 출석하는 모든 이들에게 서로의 지체를 돌아보고 도움을 필요로 하는 자들에게 봉사할 수 있도록 인도해야 한다.

교회는 지체된 서로를 위하여 봉사해야 하지만 이 봉사를 시작으로 교회의 머리이신 예수 그리스도에게 봉사하는 것이다. 마태복음 25장에 이 사실을 기록하고 있다. 40, 45절에 "임금이 대답하여 가라사대 내가 진실로 너희에게 이르노니 너희가 여기 내 형제 중에 지극히 작은 자 하나에게 한 것이 곧 내게 한 것이니라 하시고… 이에 임금이 대답하여 가라사대 진실로 진실로 너희에게 이르노니 이 지극히 작은 자 하나에게 하지 아니한 것이 곧 내게 하지 아니한 것이니라 하시리니."

교사는 사역을 통하여 학생들 자신이 그리스도의 지체로서 각자의 영적인 임무와 기능 그리고 봉사의 일을 담당하고 있다는 사실을 깨닫도록 돕는 일이 중요하다.

참고도서

- 권영섭, 교사지침서, 한국어린이전도협회, 1986. pp. 11−12.
- 교사의 벗, 교회교육 현장백과 1, 말씀과 만남, 1994. pp. 85−86.
- 교사의 벗, 교회교육 현장백과 2, 말씀과 만남, 1994. pp.42−45.
- 교사의 벗, 교회교육 현장백과 3, 말씀과 만남, 1994. p. 176.
- 한치호, 주일학교 신입반 운영 핸드북, 파이디온 선교회, 1992. pp. 45−46.
- 한치호, 공과교수법, 늘빛출판사, 1990. p. 16.
- 교사의 벗, 교회학교 교사 지침서, 서울서적, 1987. pp. 24−27, 168.
- 이용윤, 교사학교 훈련교재, 은혜, 1993. pp. 13, 45.
- 손종국, 청소년 지도, 예루살렘, 1993. pp. 102−103.
- 한치호, 어린이 분반사역, 크리스챤 서적, 1991. pp. 50−54.

•
교사여! 푯대를 가집시다

11장

신입교사입니까?

"신입 교사에게 훈련없이 그대로 반을 맡기는 것은 총을 쏘는 연습없이 전쟁터에 보내는 것보다도 더 위험천만한 일이다."

　　교사가 된 지 얼마 안되는 사람도 항상 신중한 준비를 하는 것을 습관화하면 훌륭한 교사가 될 길을 출발했다고 할 수 있다. 많은 주일학교 교사들이 준비할 시간을 갖고 있지 않다. 누구나 준비가 충분하지 못하면 살아있는 수업을 진행할 수 없다. 유명한 대학의 교수도 한 시간의 수업을 위하여 여러 시간을 준비한다고 한다. 교회는 신입 교사들이 성장하도록 체계적인 훈련을 기획할 필요가 있다.

신입 교사 훈련의 필요성

　　신입 교사는 한 번도 교사를 해 본 일이 없는 교사이다. 곁눈으로 교사의 일을 보았겠지만 직접 가르치고 영혼을 관리해 본 일이 없는 사람이다. 신입 교사에게 훈련 없이 그대로 반을 맡기는 것은 총을 쏘는 연습 없이 전쟁터에 보내는 것보다도 더 위험 천만한 일이다. 신입 교사의 훈련(필수적인 과목은 전도법, 구원상담법, 성경교수법, 반 관리법 등이다)을 통하여 다음과 같은 것들을 숙지할 수 있다.

　　첫째, 자기의 임무를 신속하게 파악하게 된다. 이미 언급한 교사의 목표와 직무가 무엇인지 정확하게 파악하는 계기가 될 수 있다.

　　둘째, 학생들을 올바로 알고 관리하게 된다. 아이에게 먹고 자고 입는 문제를 해결한다고 부모의 역할이 끝나는 것은 아니다. 부모는 마땅히 돌볼 책임이 있다. 교사는 단순히 성경만을 가르치는 사람은 아니다. 교사는 관리자이며 인도자이고 목자이다. 양무리를 관리하기 위하여 양을 잘 알아야 한다. 그러할 때 그의 양들을 잘 관리할 수 있다.

　　셋째, 기존 교사들과의 신속한 동화가 가능하다. 처음 교사로 임명받은 교사는 거리감을 갖게 되고 쉽게 기존 교사와 동화하기 어렵다. 그 결과 힘을 잃고 좌절하는 자리에 이를 수 있다. 신입 교사의 훈련은 이런 단점을 보완할 수 있는 좋은 기회이다.

신입 교사의 할 일과 하지 말아야 할 일

처음 교사를 맡은 자들에게 해야 할 일과 하지 말아야 할 리스트를 살펴보려 한다.

* 신입 교사가 할 일 (○)
* 신입 교사가 하지 말아야 할 일 (×)

교사 일을 시작하기 전
(○) 교재 전체를 보고, 가르치려는 단원을 잘 알도록 한다.
(×) 첫 공과를 전체 코오스를 모르는 채 가르친다.
(○) 학생들의 이름, 주소, 전화번호, 가족사항 등 그 외에 가능한 정보를 알도록 한다.
(×) 학생의 인적 사항을 차차 알면 된다는 생각을 갖는다.
(○) 가르침을 시작하기 일주일 전에는 꼭 방문을 한다.
(×) 학생을 방문하지 않은 채 반에 들어간다.

첫 주일
(○) 반 학생에게 자신을 소개하고 자기 이름을 알도록 써준다. 그리고 자신에 대하여 소개하고 학생의 이름을 각각 불러 본다.

성장하는 주일학교는 이런 교사를 원한다

(×) 그저 선생으로만 알리고 한 개인으로는 알리지 않는다.
그저 손가락으로만 학생들을 지시한다.

(○) 잘 준비된 공과 교안을 갖고 시작하고 학생이 활동하면서
배울 수 있도록 한다. 친구의 역할을 수행하며 수업을 감
당한다.

(×) 첫 공과는 그리 중요하지 않다고 생각한다. 학생은 교사에
대하여 반항하는 자라고 생각한다.

장기 계획을 세울 것

(○) 적어도 3-4주 정도 가르칠 것을 준비한다. 그래야 그림
또는 시청각 자료를 규모있게 준비할 수 있다.

(×) 준비도 급하게 그 주간마다 하고 미리 자료를 소화하지 못한
채 가르친다.

교사용, 학생용 그리고 다른 재료들

(○) 주초 또는 한 주일 전에 읽어 두되 자세히 읽고 준비한다.
가장 중요한 것은 학생에게 맞는 강조점을 골라 계획을
세우는 것이다.

(×) 공과 재료 전부를 다 가르치려고 한다. 별 준비 없이 모두
다 가르쳐 버리려고 한다. 계획한 것은 융통성이 없이 꼭
해야 한다고 생각한다.

주일 아침 일찍 도착

(○) 반의 분위기를 살피고 활동 자료를 준비하며 일찍 도착한
학생을 반겨준다.

(×) 시간이 다 되어서 숨가쁘게 도착하거나 몇 분 늦게 들어선다.

예배실과 분반장소
(○) 예배실과 분반을 할 장소를 깨끗이 준비한다.

학생들이 앉는 자리
(○) 가르치려는 학습 방법에 따라 적절하게 배치한다.
(×) 학생들이 앉은 대로 그냥 둔다.

학생과 함께 활동한다.
(○) 그들을 위해 해주는 것이 아니라 계획, 활동에 있어 함께
참여하게 한다.
(×) 교사 자신이 처음부터 마지막까지 혼자하고 학생은 앉아서
듣기만 한다.

교사의 태도
(○) 질서 있게 하도록 단단히 타이르되 친절한 태도와 음성으로
한다.
(×) 큰 소리 또는 책망이나 놀리는 식으로 인도하며 학생들이
하고 싶은 대로 하는 것을 좋아할 것으로 생각한다.

학생들의 성실성 기대
(○) 숙제는 꼭 해올 것을 기대한다.
(×) 학생들이 못해 올 것으로 생각한다. 숙제를 시키고도 체크
하지 않는다.

성장하는 주일학교는 이런 교사를 원한다

출석은 규칙적으로

(○) 빠지는 일이 없도록 하되 만약 결석할 때는 미리 대신 부탁을
한다. 때때로 내가 하는 일을 학생들에게 인지시킨다.

(×) 때때로 결석한다. 주일 아침 당일에 갈 수 없다고 통보한다.
혹은 아무 말 없이 결석한다.

가정과의 협조를 요청

(○) 학생의 식구들도 흥미를 갖고 있다고 가정하고 가능한 한
속히 가정을 방문한다.

(×) 학부모들이 흥미를 얻을 만하게 아무 것도 해놓지 않은 채
학부모의 비협조에 대하여 불평만 한다.

다른 교사들과의 관계

(○) 주일학교 사무 직원들과 협동하고 때때로 도움을 청한다.

(×) 자기의 일은 아무 다른 사람과 연관이 없는 것처럼 생각하고
행동한다.

자신의 발전

(○) 자신의 발전을 위해 독서, 교사회, 강습회, 세미나 등 교육과
훈련의 기회를 갖는다.

(×) 자신을 만족할 만한 선생으로 생각하고 더 발전할 필요가
없다고 생각하며 일체의 훈련 모임 등에 불참한다.

신입교사입니까?

참고도서

- 여의도순복음교회편, 교사대학 교재, 서울서적, 1984. pp, 142-144.
- 한치호, 주일학교 교사 핸드북, 기독교문서선교회, 1991. pp, 100-101.

성장하는 주일학교는 이런 교사를 원한다

*
성장하는 주일학교는
이런 교사를 원한다
*
초판 1 쇄 - 1998년 2월 28일

*
지은이 - 임 계 빈
펴낸이 - 이 규 종
펴낸곳 - 엘맨출판사
*
서울시 마포구 서교동 473 - 10
출판등록 - 제55호 1985. 10. 29.
*
TEL - (02) 323 - 6416
FAX - (02) 322 - 4477
*
잘못된 책은 바꾸어 드립니다.
*
값 6,000원